Marcel Martin

Kommunikation bei Mergers and Acquisitions

Ein kommunikationspolitischer Leitfaden zur Erfolgsoptimierung

Diplomica Verlag GmbH

Martin, Marcel: Kommunikation bei Mergers and Acquisitions: Ein kommunikationspolitischer Leitfaden zur Erfolgsoptimierung, Hamburg, Diplomica Verlag GmbH 2013

Buch-ISBN: 978-3-8428-8767-1
PDF-eBook-ISBN: 978-3-8428-3767-6
Druck/Herstellung: Diplomica® Verlag GmbH, Hamburg, 2013

Bibliografische Information der Deutschen Nationalbibliothek:
Die Deutsche Nationalbibliothek verzeichnet diese Publikation in der Deutschen Nationalbibliografie; detaillierte bibliografische Daten sind im Internet über http://dnb.d-nb.de abrufbar.

© Diplomica Verlag GmbH
Hermannstal 119k, 22119 Hamburg
http://www.diplomica-verlag.de, Hamburg 2013
Printed in Germany

Inhaltsverzeichnis

Abkürzungsverzeichnis

Abb.	Abbildung
AG	Aktiengesellschaft
AOL	America Online
Aufl.	Auflage
BSC	Balanced Scorecard
Bsp.	Beispiel
Bspw.	beispielsweise
CEO	Chief Executive Officer
C.I.	Corporate Identity
DCF	Discounted Cash Flow
EBITDA	Earnings before interest, taxes, depreciation and amortization
et al.	et alii (und andere)
FK	Fremdkapital
Hrsg.	Herausgeber
IMAA	Institute of Mergers, Acquisitions and Alliances
M&A	Mergers and Acquisitions
Mrd.	Milliarden
O	Organismus
PR	Public Relations
R	Response
S.	Seite
S	Stimuli
SWOT	Strengths, Weaknesses, Opportunities, Threats
Tab.	Tabelle
Vgl.	Vergleiche
z. B.	Zum Beispiel

Abbildungsverzeichnis

Tabellenverzeichnis

1 Einleitung

1.1 Einführung in die Thematik

"Just because the deal is closed doesn't mean all the work is done. You need to announce the deal to employees and to the rest of the world."[1]

Durch diese Aussage schreibt Snow den kommunikationspolitischen Maßnahmen bei M&A-Transaktionen eine grundlegende Notwendigkeit zu. Doch Müller-Stewens stellt fest, dass Kommunikationsaspekte in der Realität in den wenigsten Fällen als weicher Erfolgsfaktor für den Erfolg der Transaktion anerkannt werden und zählt Defizite im Kommunikationsmanagement zu den Gründen des Scheiterns vieler Transaktionen.[2] Tatsache ist, dass sich viele M&A im Nachhinein als Misserfolg herausstellen, wobei die Misserfolgsrate nach Joppe zwischen 50 und 80 Prozent beträgt.[3] Menz fügt dieser Feststellung hinzu, dass sich an dieser Rate seit den 1990er Jahren nicht viel verändert hat.[4] Diese Arbeit beschäftigt sich daher mit der Bedeutung der Kommunikationspolitik bei M&A und der Frage, ob durch eine durchdachte Kommunikationsstrategie der Transaktionserfolg tatsächlich maßgeblich gesteigert und die hohe Misserfolgsrate gesenkt werden kann.

1.2 Problemstellung und Zielsetzung

Nach Menz haben die anhaltend hohen Misserfolgsraten von M&A-Transaktionen in der Wissenschaft bereits zu der Annahme geführt, dass einerseits bestimmte Erfolgsfaktoren in der Vergangenheit bei Transaktionen nicht oder nur unzureichend berücksichtigt wurden und dabei andererseits der Blick für das Gesamtphänomen durch den ausschließlichen Fokus auf Einzelfaktoren verloren wurde.[5] Die wiederholten Aussagen von Wissenschaftlern und Fachleuten bilden dabei den Anlass zu der Annahme, dass die Kommunikationspolitik möglicherweise zu diesen wenig beachteten, aber kritischen Erfolgsfaktoren zählt. Dabei stellen Cartwright und Schoenberg fest, dass sich ein Großteil der Studien über M&A noch immer auf finanzielle und marktbezogene Erfolgsfaktoren bezieht, wobei psychologische- und

---

[1] Snow 2011, S. 253.

[2] Vgl. Salecker 1995, S. V (Vorwort).

[3] Vgl. Joppe 2001.

[4] Vgl. Menz 2007, S. 16.

[5] Vgl. Menz 2007, S. 18.

persönliche Faktoren in den letzten Jahren hingegen nur langsam an Bedeutung gewonnen haben.[6] Auch Salecker sieht einen wesentlichen Grund für die Misserfolge von M&A-Projekten in der Tatsache, dass „die Zielsetzung vieler Transaktionen in der Maximierung des Shareholder-Values statt der Optimierung des Stakeholder-Nutzens liegt"[7].

Ziel dieser Arbeit ist es daher, die Bedeutung der Kommunikationspolitik als Erfolgsfaktor bei M&A-Transaktionen wissenschaftlich zu untersuchen. Um diese Zielsetzung zu erreichen, soll nach einer empirischen Analyse der Erfolgsfaktoren ein ganzheitliches Kommunikationsmodell entwickelt werden. Dieses soll die Bedeutung der Kommunikationspolitik bei M&A-Transaktionen theoretisch belegen und sich dabei einerseits als Handlungsleitfaden für an Transaktionen beteiligte Unternehmen eignen sowie andererseits die Grundlage für ein praktisches Beispiel bilden. Salecker sieht jedoch eine wesentliche Herausforderung in der Entwicklung eines Kommunikationsmodells für M&A und beschreibt die Ausgangsbasis als ein „schlecht strukturiertes, komplexes Problem"[8]. Die sofortige Abbildung eines Modells ist daher nicht möglich. Die Lösung der Problemstellung kann nur durch die Integration der im Verlauf dieser Arbeit erlangten Erkenntnisse erfolgen.

Aufgrund des Umfangs und der Komplexität des Themenbereichs von M&A sind zudem einige inhaltliche Einschränkungen in Bezug auf die zu behandelnden Themen notwendig. Nicht behandelt wird beispielsweise die Fragestellung, wie eine mögliche Integration von zwei beteiligten Unternehmen operativ umgesetzt werden kann. Lediglich die kommunikativen Aspekte, die im Rahmen der Integration eine wichtige Rolle spielen, werden untersucht. Ausgeschlossen wird ebenfalls die Erörterung, ob M&A prinzipiell als erfolgversprechende Strategie bezeichnet werden können. Die Ausarbeitungen dieser Arbeit basieren dabei auf der Annahme, dass sich ein Unternehmen bereits zur M&A-Strategie entschieden hat. Das zu entwickelnde Kommunikationsmodell beginnt sozusagen zu dem Zeitpunkt, an dem die Verträge unterschrieben werden.

„And you're done with the deal. Pop some champagne, celebrate a bit, and start spreading the news."[9]

---

[6] Vgl. Cartwright/Schoenberg 2006, S. 1 – 5.

[7] Salecker 1995, S. 295.

[8] Salecker 1995, S. 36.

[9] Snow 2011, S. 250.

1.3 Hypothese

Die identifizierte Problemstellung sowie die Zielsetzung führen dabei zu der Formulierung der folgenden Hypothese, die es nach den Erkenntnissen dieser Arbeit in Kapitel 7.1 entweder zu verifizieren oder zu falsifizieren gilt: *Die Kommunikationspolitik ist ein kritischer Erfolgsfaktor einer M&A-Transaktion und kann bei Vernachlässigung oder Nichtbeachtung den Erfolg einer Transaktion gefährden oder zu ihrem Scheitern beitragen.*

1.4 Gang der Untersuchung

Um die Bedeutung der Kommunikationspolitik als Erfolgsfaktor bei M&A-Projekten zu untersuchen, wird die folgende Vorgehensweise gewählt:

Kapitel zwei: Zunächst gilt es, den Themenbereich von M&A als ersten Forschungsgegenstand zu untersuchen. Die Definition von M&A bildet dabei die Grundlage für die empirische Untersuchung der Erfolgsfaktoren in Kapitel drei sowie für die in Kapitel fünf folgende Zusammenführung mit dem zweiten Forschungsgegenstand, der Kommunikationspolitik.

Kapitel drei: Nach der Definition von M&A werden im Rahmen einer empirischen Untersuchung in Kapitel drei einige Erfolgsfaktoren identifiziert, die maßgeblich zum Gelingen von Transaktionen beitragen. Ziel ist dabei zu ermitteln, ob Kommunikationsmaßnahmen zu den kritischen Erfolgsfaktoren von M&A-Projekten zählen.

Kapitel vier: Die Untersuchung der Kommunikationspolitik als zweiten Forschungsgegenstand soll nun aufzeigen, wie sich eine professionelle Unternehmenskommunikation planen, durchführen und kontrollieren lässt.

Kapitel fünf: Nachdem M&A als erster Forschungsgegenstand und die Kommunikationspolitik als zweiter Forschungsgegenstand untersucht wurden, erfolgt nun eine Zusammenführung dieser beiden Themenbereiche im Rahmen eines zu entwickelnden Kommunikationsmodells. Durch diese Vorgehensweise soll nach den empirischen Erkenntnissen aus Kapitel drei die Bedeutung der Kommunikationspolitik bei M&A auch theoretisch aufgezeigt werden. Weiterhin soll das Kommunikationsmodell von an Transaktionen beteiligten Unternehmen als Handlungsleitfaden herangezogen werden können.

Kapitel sechs: Nach der Entwicklung des Kommunikationsmodells wird dieses im sechsten Kapitel anhand der Fusion zwischen der Chrysler Corporation und der Daimler-Benz AG praktisch veranschaulicht. Hierdurch soll einerseits die praktische Anwendung des Kommunikationsmodells dargestellt und andererseits die Bedeutung der Kommunikationspolitik bei M&A-Transaktionen nach den empirischen Erkenntnissen aus Kapitel drei und den theoretischen Erkenntnissen aus Kapitel fünf auch praktisch aufgezeigt werden.

Kapitel sieben: Letztlich lässt sich nach der empirischen, theoretischen und praktischen Untersuchung der Bedeutung der Kommunikationspolitik bei M&A-Projekten die in Kapitel 1.3 aufgestellte Hypothese entweder verifizieren oder falsifizieren. Abschließend erfolgt daraufhin eine kritische Würdigung der erlangten Erkenntnisse.

Der Begriff *Mergers and Acquisitions*, die Abkürzung *M&A* sowie die getrennten Bezeichnungen *Merger* und *Acquisition* werden in dieser Arbeit häufig verwendet, da sich diese im internationalen Sprachgebrauch durchgesetzt haben und somit eine sprachliche Übereinstimmung mit der Ausdrucksweise von direkten und indirekten Zitaten aus Literaturquellen gewährleistet ist. Vereinzelt finden jedoch auch die deutschen Übersetzungen dieser Begriffe Anwendung: Ein *Merger* lässt sich dabei als *Unternehmensfusion* und eine *Acquisition* als *Unternehmensakquise* übersetzen.

2 Theorie von Mergers and Acquisitions

2.1 Definition

Um ein Kommunikationsmodell zu entwickeln, das die Bedeutung der Kommunikationspolitik bei M&A theoretisch aufzeigen soll, gilt es zunächst, M&A als ersten Forschungsgegenstand zu untersuchen. Achleitner und Schiereck definieren M&A zunächst als Begriff für alle Vorgänge im Zusammenhang mit „der Gründung von Gemeinschaftsunternehmen sowie der Übernahme von Unternehmen"[10].

Betrachtet man den Themenbereich etwas näher, kann nach Achleitner und Schiereck zwischen einer horizontalen, einer vertikalen und einer lateralen Transaktion unterschieden werden. Sowohl einer horizontalen als auch einer vertikalen Transaktion liegt ein Unternehmenskauf oder eine Fusion zwischen zwei Unternehmen der gleichen Branche zugrunde, wobei horizontale Transaktionen auf derselben Wertschöpfungsstufe und vertikale Transaktionen auf unterschiedlichen Wertschöpfungsstufen stattfinden. Bei einer lateralen Transaktion handelt es sich hingegen um einen Unternehmenskauf oder eine Fusion zwischen Unternehmen aus unterschiedlichen Branchen.[11] Die Akquise eines direkten Wettbewerbers stellt beispielsweise eine horizontale Transaktion, die Akquise eines Zulieferers eine vertikale Transaktion und die Akquise eines branchenfremden Unternehmens eine laterale Transaktion dar. Nach Salecker ist zudem zwischen drei Arten von Transaktionen zu unterscheiden: Beim Börsengeschäft versucht das kaufende Unternehmen eine Aktienmehrheit zu erwerben, beim öffentlichen Übernahmeangebot wird dem Management des Zielunternehmens ein zeitlich befristetes Angebot übermittelt und im Rahmen von Verhandlungen wird durch eine direkte Kontaktaufnahme mit den Eigentümern versucht, die Kontrolle durch beispielsweise den Kauf von Aktienanteilen zu erlangen.[12]

2.2 Motive und Ziele

Einen umfassenden Ansatz zur Definition von Motiven und Zielen bei M&A-Transaktionen liefert Oehlrich, der zwischen drei Kategorien unterscheidet: *Effizienz Ansätze*, *Management Ansätze* sowie *Sonstige Ansätze*.[13] Folgend werden die von

---

[10] Achleitner/Schiereck 2012.

[11] Vgl. Achleitner/Schiereck 2012.

[12] Vgl. Salecker 1995, S. 150.

[13] Vgl. Oehlrich 1999, S. 9.

Oehlrich definierten Motive aufgelistet.[14] Ziel ist, ein grundlegendes Verständnis der möglichen Motive für M&A-Transaktionen zu erhalten, um möglicherweise die Entwicklung des Kommunikationsmodells auf die jeweils zutreffenden Motive ausrichten zu können. Die folgenden Motive zählen zunächst zu den nach Oehlrich kategorisierten Effizienz Ansätzen.

- *Transaktionskostenansatz*: Transaktionskosten entstehen bei der Übertragung von Gütern an andere Organisationen, wie beispielsweise im Verhältnis zwischen Zulieferer und Auftraggeber.[15] Durch eine Fusion oder den Zukauf von externen Unternehmen, wie beispielsweise Zulieferern, können somit vereinfacht ausgedrückt die betrieblichen Transaktionskosten reduziert werden.

- *Differential Managerial Efficiency-Hypothese*: Bei diesem Ansatz liegt das Motiv für eine Transaktion in einem derart effizienten Management, das aufgrund bereits ausgeschöpfter Optimierungen im eigenen Unternehmen seine Kapazitäten für die Optimierung eines zusätzlichen Unternehmens einsetzen kann, wodurch eine Wertsteigerung beider Unternehmen ermöglicht wird.[16]

- *Synergiemanagement*: Der Effekt von Synergien entsteht, wenn durch die Zusammenführung von Aktivitäten ein Größenvorteil entsteht, der sich letztlich positiv auf den Unternehmenswert auswirkt.[17] Grün beschreibt dabei die Synergie als einen Zustand, „bei dem das Ergebnis der optimalen Kombination zweier Systeme höher ist als die Summe der Einzelsysteme"[18].

- *Risikodiversifikation*: Dem Ansatz der Risikodiversifikation liegt vereinfacht betrachtet die Annahme zugrunde, dass durch die Aufteilung des Unternehmensvermögens in verschiedene Vermögenswerte das Risiko des Investors verringert wird.[19] Mossin gibt jedoch zu bedenken, dass durch M&A zwar prinzipiell das Risiko der Unternehmen diversifiziert werden kann, jedoch nicht das der Anteilseigner, sofern im Zuge der Transaktion ein im Portfolio der Anteilseigner befindliches Wertpapier vom Markt genommen wird.[20]

---

[14] Aufgrund des beschränkten Umfangs dieser Arbeit werden die jeweiligen Motive möglichst prägnant, jedoch allgemeingültig beschrieben, ohne die Ansätze dabei kritisch zu hinterfragen.

[15] Vgl. Oehlrich 1999, S. 10 – 11.

[16] Vgl. Oehlrich 1999, S. 14 – 15.

[17] Vgl. Oehlrich 1999, S. 16.

[18] Grün 2010, S. 60.

[19] Vgl. Garz/Günther/Moriabadi 1998, S. 17f.

[20] Vgl. Mossin 1977, 21 – 40.

- *Strategie-orientierter Ansatz*: Beim Strategie-orientierten Ansatz versucht ein Unternehmen, durch M&A in Märkte einzutreten, in die es durch ein internes Wachstum aufgrund beispielsweise fehlender Technologien oder existierender Markteintrittsbarrieren nicht hätte eintreten können.[21]

- *Unterbewertung des Akquisitionsobjektes*: Hierbei stellt sich das potentiell zu kaufende Unternehmen als attraktiv heraus, weil sein Kaufpreis, möglichweise aufgrund fehlender Informationen am Kapitalmarkt oder vorhandener Insider-Informationen des potentiellen Käufers, unter dem aktuellen Marktwert liegt.[22]

Die folgenden Motive zählen nach Oehlrich zu den Management Ansätzen.

- *Market for Corporate Control*: Dieser Ansatz tritt ein, wenn der Marktwert eines Unternehmens gesteigert werden kann, indem beispielsweise ein ineffizientes Management nach dem Erwerb durch ein effizienteres Management ersetzt wird und somit Agency Costs vermieden werden.[23]

- *Managerialism*: Beim Managerialism entscheidet sich ein Manager für eine Transaktion, weil dieser durch ein Wachstum des Unternehmens eine höhere Entlohnung oder ein steigendes Prestige erwartet, was ein Anreizproblem dar-stellen kann.[24]

- *Free Cash Flow Hypothese*: Bei der Free Cash Flow Hypothese verwenden Manager den Finanzmittelüberschuss eines Unternehmens für eine Akquise, um eine Ausschüttung des Betrages an die Anteilseigner zu vermeiden und die Mittel stattdessen für ein externes Wachstum des Unternehmens einzusetzen.[25]

- *Hubris Hypothese*: Bei diesem Motiv erhoffen sich Manager, potentielle Effizienzgewinne durch beispielsweise den Kauf eines Unternehmens zu generieren. Dabei wird angenommen, dass der von den kaufenden Managern selbst er-rechnete Unternehmenswert über dem tatsächlichen Marktwert liegt und somit die Anteilseigner bei Nichteintreffen der Effizienzgewinne geschädigt werden.[26]

---

[21] Vgl. Oehlrich 1999, S. 24.
[22] Vgl. Oehlrich 1999, S. 25.
[23] Vgl. Oehlrich 1999, S. 26.
[24] Vgl. Oehlrich 1999, S. 27.
[25] Vgl. Oehlrich 1999, S. 27 – 28.
[26] Vgl. Oehlrich 1999, S. 28.

Die folgenden Motive zählen zu den nach Oehlrich kategorisierten Sonstigen Ansätzen.

- *Monopolhypothese*: Die Monopolhypothese geht auf den Versuch von Unternehmen zurück, die eigenen Marktanteile relativ zu den Marktanteilen des Wettbewerbs zu erhöhen, um somit die eigenen Preise gewinnmaximierend und weitestgehend unabhängig vom Wettbewerb bestimmen zu können.[27]

- *Steuerhypothese*: Diese Hypothese lässt sich zusammenfassend als Motiv beschreiben, in dem ein Unternehmen versucht, durch beispielsweise Verlustvorträge des erworbenen Unternehmens Steuern zu sparen.[28]

- *Umverteilungshypothese*: Das Motiv einer Transaktion besteht bei der Umverteilungshypothese in einer Wertsteigerung zugunsten des Managements und einer Wertminderung auf Kosten anderer Anspruchsgruppen.[29] Beispielsweise ließe sich bei einem Merger zweier Unternehmen, die ein identisches Produkt von unterschiedlichen Zulieferern produzieren lassen, ein Zulieferer abstoßen, woraufhin diese Einsparungen eine monetäre Umverteilung vom betroffenen Zulieferer zu den Anteilseignern darstellen würden.

Die von Oehlrich genannten Motive lassen sich auch in dem Ansatz von Gerpott wiederfinden, wobei beide Ansätze inhaltlich weitestgehend übereinstimmen und lediglich Formulierungsunterschiede existieren.[30] Bei der Betrachtung des Ansatzes nach Oehlrich wird jedoch deutlich, dass Motive beschrieben werden, die sich schwerpunktmäßig auf das erwerbende Unternehmen bei Akquisitionen sowie das kontrollierende Unternehmen bei Fusionen beziehen, jedoch weniger auf das erworbene Unternehmen bei Akquisitionen bzw. das kontrollierte Unternehmen bei Fusionen. Oehlrich spricht in diesem Zusammenhang von den Motiven für Akquisitionsentscheidungen und Gerpott von den Zielen des erwerbenden Unternehmens.[31] Diese Feststellung basiert auf der Annahme, dass sich die Motive und Ziele der an der Transaktion beteiligten Partner aufgrund ihrer unterschiedlichen Ausgangsbasis voneinander unterscheiden. Deutlich wird dies bei der Betrachtung des Motivs der

---

[27] Vgl. Williamson 1996, S. 131 – 146.

[28] Vgl. Oehlrich 1999, S. 29.

[29] Vgl. Oehlrich 1999, S. 31.

[30] Vgl. Gerpott 1993, S. 62 – 63. Beispielsweise schreibt Oehlrich vom Ziel des Synergiemanagements und Gerpott vom Bestreben nach Größen- und Verbundvorteilen.

[31] Vgl. Oehlrich 1999, S. 9; vgl. Gerpott 1993, S. 62 – 63.

Free Cash Flow Hypothese, bei der ein Unternehmenserwerb in Erwägung gezogen wird, weil aufgrund hoher zur Verfügung stehender liquider Mittel beispielsweise eine Ausschüttung umgangen werden soll. Während dieses Motiv für das erwerbende Unternehmen zutreffend sein mag, könnte hingegen das Motiv des erworbenen Unternehmens im Streben nach „Expansionsmöglichkeiten durch [die] Anlehnung an einen starken Partner"[32] liegen. Vereinfacht ausgedrückt lassen sich die an einer Transaktion beteiligten Unternehmen somit in einen stärkeren und einen schwächeren Partner kategorisieren. Dabei ist davon auszugehen, dass das erwerbende Unternehmen bei Akquisitionen sowie das kontrollierende Unternehmen bei Fusionen den stärkeren Partner und das erworbene Unternehmen bei Akquisitionen sowie das kontrollierte Unternehmen bei Fusionen den schwächeren Partner darstellt.[33] Snow schreibt in diesem Bezug, dass ein *merger of equals* in der Praxis zwar gelegentlich angestrebt wird, aber meist dennoch ein kontrollierender Partner aus der Transaktion hervorgeht.[34] Die Ansätze der Motive nach Oehlrich und Gerpott lassen sich somit als charakteristisch für das stärkere der beteiligten Unternehmen bezeichnen.

Folgend wird nun eine Untersuchung von Motiven vorgenommen, die ausschließlich auf das als *schwächer* zu bezeichnende Unternehmen zutreffen. Dabei wird der Ansatz nach Gerpott herangezogen, der die folgenden Motive als treibenden Faktor für den Unternehmensverkauf bzw. die Fusion mit einem stärkeren Partner nennt: *Lösung finanzieller Probleme, Gewinnung neuer Expansionsmöglichkeiten durch einen starken Partner, Beschaffung von Investitionsmitteln, Umwandlung des gebundenen Vermögens in Barmittel, Einleitung einer Unternehmensumstrukturierung, Beseitigung von Unstimmigkeiten im Gesellschafterkreis, Lösung von Nachfolgeproblemen.*[35] Diese Motive lassen sich durch das Heranziehen von Ansätzen anderer Autoren bestätigen. Auch der Ansatz nach Jandl deckt sich dabei inhaltlich grundlegend mit dem Ansatz von Gerpott.[36]

Das Verständnis der Existenz unterschiedlicher Motive der an der Transaktion beteiligten Partner könnte als Grundlage für die Erstellung des Kommunikationsmodells

---

[32] Gerpott 1993, S. 62 – 63.

[33] Im folgenden Verlauf wird auf Grundlage der vorherigen Erklärung lediglich von einem *stärkeren* und einem *schwächeren* Partner gesprochen.

[34] Vgl. Snow 2011, S. 11.

[35] Vgl. Gerpott 1993, S. 62 – 63.

[36] Vgl. Jandl 2006.

in Kapitel fünf relevant sein, sofern unterschiedliche Kommunikationsschwerpunkte aus den Motiven abgeleitet werden können.[37]

In Bezug auf das mögliche Vorhandensein mehrerer Motive schreibt Oehlrich weiterhin von möglichen Interdependenzen der Motive. Denn in der Praxis ist es wahrscheinlich, dass sich die Zielsetzung einer Transaktion nicht ausschließlich auf ein Motiv beschränkt.[38] Auch Grün schreibt, dass die Gründe für M&A oftmals in einer „Kombination einer ganzen Reihe auslösender Motive und Ziele"[39] zu finden sind.

2.3   Transaktionsablauf

Nachdem nun die Motive für M&A untersucht wurden, beschäftigt sich dieses Kapitel mit den Phasen einer Transaktion. Das Identifizieren von verschiedenen Phasen des M&A-Prozesses ist dabei grundlegend, um das in Kapitel fünf zu entwickelnde Kommunikationsmodell in kommunikationskritische Phasen einordnen zu können. Bei der Beschreibung des Prozesses einer Transaktion hat sich in der Fachliteratur ein weitgehend einheitliches Konzept durchgesetzt. Nach Grün lässt sich der Prozess zunächst in drei Hauptphasen einteilen: die Pre-Merger-Phase, die Merger-Phase sowie die Post-Merger-Phase.[40] Menz schreibt in diesem Zusammenhang von der Vor-Phase, der Transaktions-Phase sowie der Integrations-Phase.[41] Snow unterteilt die drei Hauptphasen weiterhin in Teilphasen, wobei ebenfalls eine wesentliche Übereinstimmung mit den Ansätzen anderer Autoren beobachtet werden kann.[42] In der Pre-Merger-Phase sieht Grün dabei die Entwicklung der Unternehmensstrategie, die Analyse potentieller Partner sowie die Entscheidung für oder gegen eine mögliche Transaktion als grundlegend. Die Merger-Phase beinhaltet hingegen die Kontaktaufnahme, Verhandlungen und Vereinbarungen, die Unternehmensprüfung[43], die Kaufpreisermittlung sowie die Vertragsunterzeichnung. In der Post-Merger-Phase finden letztlich der Transfer von Ressourcen, die Rekonfiguration der Wertekette, Produkt- und Serviceanpassungen sowie die Integration statt.[44]

---

[37]   Ob dies der Fall ist, lässt sich an dieser Stelle noch nicht bewerten. Siehe Kapitel 5.2.2.

[38]   Vgl. Oehlrich 1999, S. 47.

[39]   Grün 2010, S. 12.

[40]   Vgl. Grün 2010, S. 15.

[41]   Vgl. Menz 2007, S. 21.

[42]   Vgl. Snow 2011, S. 18 – 19; vgl. Menz 2007, S. 22.

[43]   Auch Due-Diligence-Prozess genannt.

[44]   Vgl. Grün 2010, S. 15.

Neben dem zuvor beschriebenen Ablauf von M&A ist zudem entscheidend, welche Schlüsselpersonen die Koordination der Transaktion übernehmen. Oehlrich schreibt in diesem Zusammenhang, dass viele Großkonzerne ab Mitte der 1990er Jahre eine Art Akquisitionsabteilung gegründet haben, die sich mit sämtlichen Belangen rund um die Transaktion befasst und dabei auch die Koordination zwischen den beteiligten Stellen übernimmt.[45] Auch Snow rät, dass entweder ein M&A-Team innerhalb des kaufenden Unternehmens gebildet oder aber ein externes Unternehmen hinzugezogen werden sollte.[46] Während nach Menz bei gelegentlichen Transaktionen externe Berater sinnvoller erscheinen, kann mit zunehmender Häufigkeit und Größe der Transaktionen eine eigene Abteilung empfohlen werden.[47]

2.4 Anspruchsgruppen

Allgemein lassen sich die Anspruchsgruppen eines Unternehmens zunächst einmal in interne und externe Personengruppen einteilen, wobei z. B. die Anteilseigner, das Management und die Mitarbeiter zu den internen Gruppen und die Fremdkapitalgeber, die Lieferanten, die Kunden sowie der Staat und die Gesellschaft zu den externen Anspruchsgruppen zählen.[48] Allgemein lassen sich den Anspruchsgruppen jeweils bestimmte, generelle Interessen zuordnen, die von der Unternehmensführung zu beachten sind. Thommen sieht beispielsweise bei den Anteilseignern und dem Management das generelle Interesse an der Wertsteigerung des Unternehmens und bei den Mitarbeitern ein gesichertes Einkommen.[49] Dabei schreibt Salecker den Anspruchsgruppen ein erhebliches Sanktionspotential zu, welches sie im Falle einer Nichtbeachtung der eigenen Interessen gegen das jeweilige Unternehmen einsetzen können und schließt daraus, dass ein Unternehmen ohne die Unterstützung seiner Anspruchsgruppen nicht überlebensfähig ist.[50] Diese Tatsache verdeutlicht die Wichtigkeit einer intensiven Auseinandersetzung mit den Interessen und Bedenken der Anspruchsgruppen. Ein Vernachlässigen dieser individuellen Interessen und Bedenken kann nach Salecker bei M&A zur Folge haben, dass die betroffenen Anspruchsgruppen ihr Commitment verweigern und damit „zum Scheitern der Transaktion beitragen"[51].

---

[45] Vgl. Oehlrich 1999, S. 1.

[46] Vgl. Snow 2011, S. 43.

[47] Vgl. Menz 2007, S. 48.

[48] Vgl. Thommen 2012.

[49] Vgl. Thommen 2012.

[50] Vgl. Salecker 1995, S. 122.

[51] Salecker 1995, S. 295.

Es wird deutlich, dass die Anspruchsgruppen letztlich die Adressaten des zu entwickelnden Kommunikationsmodells darstellen, wobei die Kommunikationsziele und der Einsatz der Kommunikationsmaßnahmen in logischer Konsequenz auf die Interessen und Bedenken der Anspruchsgruppen abzustimmen sind. Die Spezifität von M&A führt jedoch zu der Notwendigkeit, die Interessen und Bedenken nicht nur allgemeingültig, sondern spezifisch in Bezug auf eine Transaktion zu untersuchen. Aufgrund dieser Tatsache erscheint es sinnvoll, zunächst die generellen Interessen der Anspruchsgruppen zu erfassen, um anschließend die daraus resultierenden Interessen und Bedenken bei M&A abzuleiten. Für die Identifizierung der generellen Interessen der Anspruchsgruppen wurde nun zunächst der Ansatz nach Thommen herangezogen und Ergänzungen auf Grundlage der Ansätze von Kim und Schrott vorgenommen, um eine möglichst vollständige Auflistung zu erhalten:

Tab. 1: Übersicht der generellen Interessen der Anspruchsgruppen[52]

	Interessen nach Thommen (1):	Ergänzungen nach Kim (2):	Ergänzungen nach Schrott (3):
Anteilseigner	• Einkommen, Gewinn • Erhaltung, Verzinsung und Wertsteigerung des investierten Kapitals	• Dauer des Wachstums	• Sicherheit der Anlage
Management	• Selbstständigkeit/Entscheidungsautonomie • Entfaltung eigener Ideen und Fähigkeiten • Macht, Einfluss, Prestige	• Verfügung über die Verwendung des Jahresergebnisses • Einkommen	Keine Ergänzungen
Mitarbeiter	• Einkommen • Soziale Sicherheit • Sinnvolle Betätigung, Entfaltung der eigenen Fähigkeiten • Gruppenzugehörigkeit • Status, Anerkennung, Prestige	• Arbeitsbedingungen • Beteiligung	Keine Ergänzungen
Fremdkapitalgeber	• Sichere Kapitalanlage • Befriedigende Verzinsung	• Kontrolle	Keine Ergänzungen
Lieferanten	• Stabile Liefermöglichkeiten • Gewinnbringende Konditionen • Zahlungsfähigkeit der Abnehmer	Keine Ergänzungen	Keine Ergänzungen
Kunden	• Gute Qualität • Faire Preise • Guter Service	• Versorgungsqualität • Image	• Produktinnovationen
Staat und Gesellschaft	• Steuern • Sicherung der Arbeitsplätze • Sozialleistungen • Positive Beiträge an die Infrastruktur • Einhalten von Rechtsvorschriften und Normen • Erhaltung einer lebenswerten Umwelt	Keine Ergänzungen	Keine Ergänzungen

Aus den von Thommen, Kim und Schrott identifizierten generellen Interessen der Anspruchsgruppen lassen sich nun mögliche transaktionsspezifische Bedenken ableiten und auf Grundlage entsprechender Literaturquellen belegen.[53]

---

[52] Eigene Zusammenstellung nach (1) Thommen 2012; (2) Kim 2003, S. 7 – 8; (3) Schrott 2007, S. 28.

[53] Im Anhang 8.5 wird die Ableitung der transaktionsspezifischen Bedenken aus den generellen Interessen der Anspruchsgruppen übersichtlich dargestellt.

- Anteilseigner – *Sinkender Unternehmenserfolg*, *Wertminderung des investierten Kapitals*, *Abnahme der Wachstumsgeschwindigkeit* und *steigendes Risiko*: 50 bis 80 Prozent der M&A-Projekte scheitern, was das Risiko der Anteilseigner erheblich zunehmen lässt und die zuvor genannten Bedenken hervorrufen kann.[54] Mossin beschreibt zudem, dass eine abnehmende Risikodiversifikation aus Sicht des Unternehmens zu einem zunehmenden Risiko für die Anteilseigner führen kann, sofern im Zuge der Transaktion ein Wertpapier vom Markt genommen wird, das sich zuvor im Portfolio des Anteilseigners befunden hat.[55]

- Management – *Sinkendes Einkommen*: Auch diese Sorge lässt sich auf das genannte Risiko von M&A zurückführen. *Verlust von Selbstständigkeit*, *Verlust von Macht, Einfluss und Prestige*: Die Feststellung von Snow, dass selbst bei einem merger of equals oftmals ein stärkerer Partner aus der Transaktion hervorgehen wird, kann dazu führen, dass das Management des schwächeren Partners einen möglichen Kontrollverlust befürchtet.[56] *Abnehmender Einfluss auf die Verwendung des Jahresergebnisses*: Ein Verlust an Selbstständigkeit, Macht und Einfluss kann sich dabei aus Sicht des Managements negativ auf das zukünftige Mitentscheidungsrecht in Bezug auf die Verwendung des Jahresüberschusses auswirken.

- Mitarbeiter – *Sinkendes Einkommen*: Diese Bedenken umfassen auch den Verlust der Aussicht auf zukünftige Beteiligungen. In diesem Zusammenhang berichtet auch die Wiener Zeitung von den Sorgen der Mitarbeiter über mögliche Kürzungen der Gehälter bei M&A.[57] *Gefährdung des Arbeitsplatzes*: Salecker schreibt, dass Mitarbeiter M&A-Transaktionen oftmals kritisch betrachten und über ein hohes Maß an Unsicherheit in Bezug auf ihre persönliche Zukunft verfügen.[58] Auch die Wiener Zeitung berichtet über Mitarbeiterängste in Bezug auf den möglichen Verlust des Arbeitsplatzes bei Transaktionen.[59] *Sinkender Status, sinkende Anerkennung*: Sofern Mitarbeiter das Gefühl haben, dass ihre Wertigkeit im Unternehmen sinkt, besteht zudem die Gefahr, dass die Ablehnung von fremden Technologien zunimmt.[60] *Monotone Arbeitstätigkeiten*: Diese

---

[54] Vgl. Joppe 2001.

[55] Vgl. Mossin 1977, 21 – 40.

[56] In Anlehnung an: Snow 2011, S. 11.

[57] Vgl. Wiener Zeitung 2008.

[58] Vgl. Salecker 1995, S. 171.

[59] Vgl. Wiener Zeitung 2008.

[60] Vgl. Oehlrich 1999, S. 78.

Sorge lässt sich auf die mögliche Umbesetzung von Positionen im Rahmen der Integration zweier Unternehmen zurückführen, wobei der Anspruch des Tätigkeitsfelds und somit auch der Status des betroffenen Mitarbeiters abnehmen können. Sich *verschlechternde Arbeitsbedingungen*: Eine Verschlechterung der Arbeitsbedingungen wird in den Medien ebenfalls als Sorge bei M&A genannt.[61] *Steigende Arbeitsbelastung*: Besonders in der Post-Merger-Phase lässt sich zudem eine erhöhte Arbeitsbelastung feststellen, denn neben der Weiterführung des operativen Geschäfts sind zusätzlich Integrationsaufgaben zu bewältigen. Grün schreibt dabei von der Gefahr, dass die Kundenorientierung aufgrund der oftmals zusätzlichen Arbeitsbelastung und der Fokussierung auf interne Probleme abnimmt.[62] *Auflösung von Arbeitsgruppen*: Oehlrich beschreibt zudem eine mögliche Vernichtung von Werten, wenn „effiziente (Arbeits-)Teams auseinandergerissen werden und die Organisation des Unternehmens zerstört wird"[63]. In Bezug auf die Anspruchsgruppe der Mitarbeiter besteht nun der besondere Anspruch, eine Distanzierung vom Unternehmen und das Entstehen eines sogenannten „Merger Shocks"[64] zu vermeiden.

- Fremdkapitalgeber – *Steigendes Risiko*: Das steigende Risiko lässt sich ebenfalls auf das mögliche Scheitern einer Transaktion zurückführen. *Abnehmender Einfluss auf die Kapitalnehmer*: Weiterhin kann aufgrund von möglichen Änderungen des Corporate Behaviors sowie Stellenumbesetzungen der Einfluss auf die Kapitalnehmer abnehmen.

- Lieferanten – *Instabile Liefermöglichkeiten*, sich *verschlechternde Konditionen*: Die Bedenken hinsichtlich instabiler Liefermöglichkeiten sowie der Verschlechterung von Konditionen basieren auf einer möglichen Optimierung der Wertschöpfungsketten der beteiligten Unternehmen.[65] Dabei kann das Nutzen von Synergieeffekten dazu führen, dass möglicherweise Liefermengen reduziert und Kosten eingespart werden. *Sinkende Zahlungsfähigkeit des Abnehmers*: Auch dieses Bedenken lässt sich auf die hohe Misserfolgsrate von M&A zurückführen.

---

[61] Vgl. Wiener Zeitung 2008.

[62] Vgl. Grün 2010, S. 1.

[63] Oehlrich 1999, S. 22.

[64] Salecker 1995, S. 161.

[65] Vgl. Oehlrich 1999, S. 16 – In Anlehnung an das Motiv *Synergiemanagement*.

- Kunden – *Verschlechterungen bei Qualität, Preis und Service*: Kunden stellen sich nach Grün „die Frage, ob der Zusammenschluss die Kosten und die Qualität der Leistungen beeinflusst"[66]. *Abnehmende Versorgungsqualität*: Personelle Verschiebungen in der Kundenbetreuung können aus Kundensicht zur Beeinträchtigung der Versorgungsqualität führen. Grün beschreibt dabei, dass Unsicherheiten in Bezug auf zukünftige Lieferungen ernst zu nehmen sind.[67] *Verschlechterung des Images*: Hillebrand und Linden beschreiben am Beispiel der Akquisition von Jaguar durch Ford, dass Kunden des britischen Automobilkonzerns den Imagetransfer möglicherweise „zum Anlaß für einen Markenwechsel genommen haben"[68]. Dies verdeutlicht die Wichtigkeit der Beachtung des Imagefaktors im Rahmen einer Transaktion. *Abnehmende Anzahl von Produktinnovationen*: Weiterhin kann die Sorge entstehen, dass die Anzahl von produktverbessernden Maßnahmen abnimmt. *Gültigkeit bestehender schriftlicher Verträge, Einhaltung mündlicher Absprachen*: Nach Grün interessieren sich Kunden zudem, inwieweit laufende Verträge ihre Gültigkeit beibehalten.[69] Während die Rechtslage die Gültigkeit von schriftlichen Verträgen regeln sollte, werden bei Kunden vor allem große Unsicherheiten in Bezug auf die Gültigkeit informeller Vereinbarungen existieren.

- Staat und Gesellschaft – *Verringerung der Steuereinnahmen*: Diese Bedenken sind gerade in Bezug auf die Steuerhypothese relevant, bei der Steuereinsparungen das Motiv einer Transaktion bilden. *Abbau von Arbeitsplätzen, abnehmende Sozialleistungen, Reduzierung der Beiträge an die Infrastruktur*: Aufgrund von möglichen Standortverlagerungen, Einsparmaßnahmen oder der Nutzung von Synergieeffekten können auch diese genannten Bedenken bei Staat und Gesellschaft eintreten.

2.5 Erfolgskontrolle

Zunächst einmal lässt sich generell feststellen, dass der Erfolg eines Vorhabens vom Grad der Erreichung der Zielsetzung abhängt.[70] Aus diesem Grund sind die Instrumente und Kennzahlen zur Erfolgsmessung generell auf die Motive und Ziele der Transaktion auszurichten. Mittel- und langfristig sollte jedoch die Steigerung des

---

[66] Grün 2010, S. 51.

[67] Vgl. Grün 2010, S. 189.

[68] Hillebrand/Linden 1991, S. 32 – 39.

[69] Vgl. Grün 2010, S. 184.

[70] Vgl. Bruhn 2007, S. 5.

finanziellen Erfolgs des M&A-Projekts als übergeordnete Zielsetzung betrachtet werden. Auch Snow ist der Meinung: „The persuit of money is the main reason for making acquisitions. ... Profits make shareholders happy"[71].

Deutlich wird, dass zum einen der Zielerreichungsgrad und zum anderen der finanzielle Erfolg bei der Erfolgsmessung beachtet werden müssen. Hierbei kann ein Ansatz nach Grün Abhilfe verschaffen, denn Grün unterteilt den Erfolg von M&A in zwei Erfolgskategorien: den Integrationserfolg und den übergeordneten Unternehmenserfolg. Den Integrationserfolg bezeichnet er als strategischen Erfolg und den Unternehmenserfolg als finanziellen Erfolg, der sich durch die Wertsteigerung des Unternehmens messen lässt.[72] Während der Zielerreichungsgrad somit als Indikator für den strategischen Integrationserfolg betrachtet werden kann, lässt sich das übergeordnete Ziel des Unternehmenserfolgs durch finanzielle Kennzahlen messen.

Die Kontrollinstrumente und -indikatoren für den Integrationserfolg lassen sich dabei zunächst individuell von den entsprechenden Motiven und Zielen ableiten. Wird beispielsweise eine Erhöhung der Marktanteile angestrebt, kann die Transaktion als erfolgreich bezeichnet werden, wenn der Marktanteil des Unternehmens nach der Transaktion die Summe der Marktanteile der zuvor eigenständigen Unternehmen übersteigt.[73] Soll hingegen eine Erhöhung der Investitionsmittel erreicht werden, lässt sich das Beschaffen eines zuvor definierten Ist-Wertes ebenfalls als Integrationserfolg beschreiben. In Bezug auf die Messung des Unternehmenserfolgs und somit des finanziellen Erfolgs existieren einige klassische quantitative Kennzahlen, die sich für die Messung eignen. Diese Kennzahlen sind beispielweise der Gewinn, der Umsatz und die Kosten sowie die daraus resultierenden jahresabschlussorientierten Kennzahlen, wie z. B. der *EBITDA*.[74] In der Praxis werden zudem auch marktorientierte Verfahren zur Erfolgsermittlung verwendet, wie z. B. das Discounted Cash Flow Verfahren[75] oder die Analyse des Aktienkurses[76]. Ein Vorher-Nachher-Vergleich gibt dabei Auskunft über den Zielerreichungsgrad.

---

[71] Snow 2011, S. 40.

[72] Vgl. Grün 2010, S. 68.

[73] Vgl. Grün 2010, S. 119.

[74] Vgl. Snow 2011, S. 75. Anmerkung: Der *EBITDA* gibt den Gewinn vor Zinsen, Steuern, Abschreibungen auf Sachanlagen und Abschreibungen auf immaterielle Vermögensgegenstände an.

[75] Vgl. Snow 2011, S. 189. Beim DCF-Verfahren werden Einzahlungsüberschüsse einschließlich der Zinsen für das Fremdkapital mit dem jeweiligen Kapitalkostensatz abgezinst.

[76] Vgl. Mayerhofer 1999, S. 22.

3 Meta-Analyse: Erfolgsfaktoren für Mergers and Acquisitions

3.1 Problemstellung und Zielsetzung

Nachdem im vorherigen Kapitel die theoretischen Grundlagen von M&A erarbeitet wurden, soll nun durch das Heranziehen von Studien untersucht werden, welche Erfolgsfaktoren nach dem derzeitigen Stand der Wissenschaft zum Gelingen einer Transaktion beitragen und ob die Kommunikationspolitik als bedeutender Erfolgsfaktor identifiziert werden kann. Die empirische Erkenntnis über die Bedeutung der Kommunikation als Erfolgsfaktor bildet dabei eine der Grundlagen für die Verifizierung oder Falsifizierung der in Kapitel 1.3 aufgestellten Hypothese.

Für die Untersuchung verschiedener Studien, die sich mit der Ermittlung der Bedeutung von Erfolgsfaktoren bei M&A-Transaktionen beschäftigen, kann die Durchführung einer Meta-Analyse als geeignet betrachtet werden. Grunenberg schreibt einer Meta-Analyse dabei die Charakteristik einer Helioperspektive zu, durch die sich ein Themenbereich „aus einiger Entfernung mit großer Übersichtlichkeit"[77] abbilden lässt.

Zunächst ist in Bezug auf die Selektion von Literaturquellen festzulegen, dass generell alle Studien zur Thematik für die Analyse herangezogen werden können, sofern die folgend definierten Qualitätskriterien erfüllt werden:[78]

- Erster Anspruch: Die heranzuziehenden Studien sollen einzelne Erfolgsfaktoren nicht nur auflisten, sondern zudem eine Auskunft über deren individuelle Signifikanz geben. Dieser Anspruch soll dabei gewährleisten, dass die Bedeutung des jeweiligen Erfolgsfaktors im Vergleich zu anderen Erfolgsfaktoren ersichtlich wird. Bei der bloßen Erwähnung eines Erfolgsfaktors lässt sich diesem zwar eine generelle Wichtigkeit unterstellen, doch einen bewertbaren Aufschluss über den Grad der Bedeutung kann erst das Erwähnen einer individuellen Signifikanz gewährleisten.

- Zweiter Anspruch: Eine notwendige Unabhängigkeit der Studien muss sichergestellt sein. Bei einer Fokussierung auf einzelne Erfolgsfaktoren kann

---

[77] Grunenberg 2001.

[78] Ziel ist die Sicherung der klassischen Gütekriterien: Validität, Reliabilität und Objektivität.

die potentielle Quelle beispielsweise nicht als objektiv betrachtet werden. So könnten sich finanzorientierte Studien ausschließlich auf ökonomische und kommunikationsorientierte Studien ausschließlich auf kommunikative Erfolgsfaktoren beziehen. Um diese Unabhängigkeit zu gewährleisten, wird die Mindestanzahl der in den Studien aufgelisteten Erfolgsfaktoren auf fünf festgelegt. Diese Anzahl repräsentiert sicherlich nicht alle Faktoren, gibt aber Aufschluss über die Wichtigsten.

- Dritter Anspruch: Die Studien müssen wissenschaftlichen Ansprüchen genügen, was bei akademischen Abschlussarbeiten, wissenschaftlichen Fachartikeln oder Publikationen als gegeben betrachtet werden kann. Als Indikator dient hierbei vor allem die Angabe seriöser Quellen, auf denen die veröffentlichten Ergebnisse basieren. Ob es sich bei diesen Quellen um Befragungen handelt oder die Ergebnisse mittels Literaturrecherchen ermittelt wurden, ist dabei nicht relevant.

Insgesamt fünf Veröffentlichungen werden in dieser Meta-Analyse untersucht. Diese Anzahl scheint für die Zielsetzung dieses Kapitels ausreichend, denn erstens haben die Studien aufgrund der festgelegten Ansprüche bereits eine hohe Aussagekraft und zweitens erfolgt eine Verifizierung oder Falsifizierung der Hypothese nicht ausschließlich auf Basis dieser empirischen Befunde, sondern auf Grundlage der empirischen, theoretischen und praktischen Erkenntnisse. Die Beschränkung auf eine Mindestanzahl von fünf Studien gilt dabei in der Wissenschaft als akzeptabel, wobei diese Anzahl selbstverständlich vom Forschungsgebiet abhängig ist.[79]

3.2 Literatursuche und Informationsbeschaffung

Die Beschaffung der Literaturquellen basiert auf stichprobenartigen Onlinerecherchen, wobei eine Selektion erfolgt, sobald die gefundenen Veröffentlichungen Informationen über die Signifikanz einzelner Erfolgsfaktoren von M&A-Transaktionen beinhalten und dabei gleichzeitig die zuvor definierten Ansprüche erfüllen. In Bezug auf die Übernahme von einzelnen Erfolgsfaktoren in die Meta-Analyse ist anzumerken, dass Erfolgsfaktoren mit einer in den Studien angegebenen Signifikanz von unter zehn Prozent nicht beachtet werden. Dies lässt sich durch das Ziel dieser Analyse begründen, denn letztlich gilt es zu untersuchen, ob die Kommunikationspolitik zu den bedeutendsten Erfolgsfaktoren zählt.

---

[79] Vgl. Ruddat et al. 2005.

3.3   Ergebnisanalyse und Ergebnisdarstellung

In Bezug auf die Ergebnisanalyse und Ergebnisdarstellung empfiehlt Grunenberg, zunächst bestimmte Merkmalsausprägungen festzustellen, um dadurch den einzelnen Merkmalen eine bestimmte Bedeutung zuschreiben und Trends erkennen zu können.[80] Nach Tischler unterliegt diese Vorgehensweise dabei der Zielsetzung, die einzelnen Ergebnisse der Informationsbeschaffung in ein interpretierbares Gesamtergebnis zu transformieren.[81]

Der Tabelle im Anhang 8.1 lassen sich nun die Erfolgsfaktoren entnehmen, die innerhalb der herangezogenen Studien identifiziert werden konnten. Dabei lassen sich drei primäre Merkmalsausprägungen beobachten: In der ersten Merkmalsausprägung wird die Kommunikation selbst direkt als Erfolgsfaktor genannt.[82] Bei der zweiten Merkmalsausprägung ist zunächst keine offensichtliche Verbindung zwischen den entsprechenden Erfolgsfaktoren und der Kommunikationspolitik zu erkennen. Auf den zweiten Blick wird jedoch deutlich, dass sich die entsprechenden Erfolgsfaktoren ohne zumindest ein Minimum an kommunikativen Maßnahmen nicht realisieren lassen.[83] Bei der dritten Merkmalsausprägung hat die Kommunikationspolitik letztlich keine Relevanz für eine erfolgreiche Umsetzung des Erfolgsfaktors.[84]

Werden nun alle in die Meta-Analyse übernommenen Erfolgsfaktoren den drei genannten Merkmalsausprägungen zugeteilt, ergibt sich das folgende Ergebnis: Zunächst kann in Bezug auf die erste Merkmalsausprägung festgestellt werden, dass sich der Kommunikationsaspekt in jeder der fünf einbezogenen Studien unter den drei bedeutendsten Erfolgsfaktoren befindet. In Bezug auf die zweite Merkmalsausprägung existieren insgesamt 20 Erfolgsfaktoren, für deren erfolgreiche Umsetzung zumindest ein Minimum an Kommunikation benötigt wird. Die Erfolgsfaktoren, die sich entweder direkt auf die Kommunikationspolitik beziehen oder für deren erfolgreiche Umsetzung kommunikative Maßnahmen grundlegend sind, besitzen einen prozentualen Anteil von 52 Prozent an den insgesamt genannten Erfolgsfaktoren. Weiterhin existieren in Bezug auf die dritte Merkmalsausprägung 23 Faktoren, für deren erfolgreiche Umsetzung keine Kommunikation benötigt wird. Diese stellen letztlich 48 Prozent der insgesamt genannten Erfolgsfaktoren dar.

---

[80]   Vgl. Grunenberg 2001.

[81]   Vgl. Tischler 2011.

[82]   Bsp.: Neergaard: Kommunikation; Unger: Unzureichende Kommunikationsstrategie (Anhang 8.1).

[83]   Bsp.: Bokesch et al.: Einbeziehung der Mitarbeiter (Anhang 8.1).

[84]   Bsp.: Bokesch et al.: Ausreichende Managementkapazitäten (Anhang 8.1).

3.4 Ergebnisinterpretation

Aus den empirischen Ergebnissen der durchgeführten Meta-Analyse lässt sich nun schließen, dass die Kommunikationspolitik bei M&A-Transaktionen eine erhebliche Bedeutung besitzt. Diese Feststellung basiert auf der Tatsache, dass die Kommunikationspolitik in allen fünf Veröffentlichungen unter den drei bedeutendsten Erfolgsfaktoren auflistet wird. Die Beobachtung, dass bei insgesamt 52 Prozent aller genannten Faktoren kommunikative Maßnahmen zu den grundlegenden Erfolgsvoraussetzungen zählen, festigt dabei zusätzlich die zuvor festgestellte Bedeutung. Unter Einbezug des in Kapitel 1.1 erwähnten Vorwurfs von Müller-Stewens, dass die Kommunikationspolitik in der Praxis häufig vernachlässigt wird[85], liegt dabei die folgende Vermutung nahe: Wie die Ergebnisse dieser empirischen Untersuchung zeigen, existiert in der Praxis zwar generell Einigkeit, dass die Kommunikationspolitik einen kritischen Erfolgsfaktor darstellt, doch die Erkenntnis einer generellen Notwendigkeit von Kommunikation ist noch kein Nachweis dafür, dass diese auch an den richtigen Stellen angewandt wird. Salecker schreibt in seiner Ausarbeitung interessanterweise vom generellen „Problem der Handlungskoordination"[86] beim Einsatz von kommunikativen Maßnahmen in Unternehmen, was sich hervorragend auf die zuvor beschriebene Beobachtung übertragen lässt. Prinzipiell wird durch das losgelöste Erwähnen der Kommunikationspolitik von allen anderen Erfolgsfaktoren zunächst unterstellt, dass keine wesentliche Interdependenz zwischen der Kommunikation und den zahlreichen anderen Faktoren existiert bzw. diese möglicherweise nicht ausreichend bekannt ist. Zwar werden zahlreiche Erfolgsfaktoren inklusive der Kommunikationspolitik genannt, doch über die im Rahmen dieser Meta-Analyse festgestellte Tatsache, dass mehr als die Hälfte der identifizierten Erfolgsfaktoren nur erfolgversprechend sind, wenn bei deren Umsetzung kommunikative Maßnahmen angewandt werden, liegen keine bekannten Ausarbeitungen vor.[87]

---

[85] Vgl. Salecker 1995, S. V (Vorwort).

[86] Salecker 1995, S. 81.

[87] Hier kann eindeutig ein weiterer Forschungsbedarf erkannt werden, um diese Annahme auch wissenschaftlich belegen zu können.

4 Theorie der Kommunikationspolitik

4.1 Definition

Nachdem in Kapitel zwei die Theorie von M&A zunächst als erster Forschungsgegenstand untersucht und im vorherigen Kapitel die Kommunikationspolitik im Rahmen einer Meta-Analyse als signifikanter Erfolgsfaktor empirisch nachgewiesen wurde, gilt es in diesem Kapitel die Theorie der Kommunikationspolitik als zweiten Forschungsgegenstand zu analysieren. So wird in Kapitel fünf eine Zusammenführung der beiden Forschungsgegenstände ermöglicht, um die Bedeutung der Kommunikationspolitik auch theoretisch belegen zu können. Dabei kann aufgrund des beschränkten Umfangs dieser Arbeit nicht auf alle wissenschaftlichen Ansätze der Kommunikation eingegangen werden, jedoch auf die für M&A relevanten Aspekte, die im Rahmen dieser Arbeit als Kommunikationspolitik bezeichnet werden.

Zunächst einmal gilt zu klären, wie der Themenbereich der Kommunikationspolitik in den Kontext der Betriebswirtschaft eingeordnet werden kann. Esch beschreibt in diesem Zusammenhang, dass die Kommunikationspolitik zum Marketingmix gehört.[88] Olbrisch beschreibt, dass dabei die Aufgabe der Kommunikationspolitik darin liegt, Meinungen und Erwartungen der Zielgruppe mit entsprechenden Maßnahmen zu steuern.[89] Auf M&A kann diese Zielsetzung wie folgt übertragen werden: Um eine größtmögliche Unterstützung von allen beteiligten Personen zu erhalten, sind Unsicherheiten, Bedenken und Erwartungen der Anspruchsgruppen zu erkennen und durch kommunikative Maßnahmen zu beeinflussen.

Sucht man in der Fachliteratur nach einzelnen Bestandteilen der Kommunikationspolitik, lässt sich feststellen, dass die Ansätze verschiedener Autoren eine hohe Heterogenität besitzen und wenig Einheitlichkeit in Bezug auf die Bezeichnung einzelner Bestandteile der Kommunikationspolitik existiert.[90] Da in dieser Arbeit ein Kommunikationsmodell entwickelt werden soll, besteht jedoch die Notwendigkeit zur Festlegung von spezifischen Begriffen und Strukturen, die eine einheitliche Darstellung von zusammengehörigen Bestandteilen im Rahmen des Modells ermöglichen.

---

[88]   Vgl. Esch 2012b. Weitere klassische Teile des Marketingmix: Produkt-, Preis- und Distributionspolitik.

[89]   Vgl. Olbrisch 2007.

[90]   Bspw. bezeichnen verschiedene Autoren den Themenbereich, in den das folgend beschriebene Sender-Empfänger-Modell einzuordnen ist, als *Kommunikationsmodelle* (vgl. Gärtner/Sicheneder 2012), als *Grundlagen der Kommunikation* (vgl. Oberlin 2012) und als *Kommunikationspsychologische Modelle* (vgl. Schulz von Thun 2012b).

Für den Aufbau dieses Kapitels wurden daher vier Abschnitte gewählt, die alle für den M&A-Prozess relevanten Kommunikationsaspekte strukturiert und einheitlich darstellen sollen. Im ersten Abschnitt *Psychologische Grundlagen* werden zunächst wissenschaftliche Ansätze vorgestellt, die kommunikative Vorgänge auf der psychologischen Ebene aufzeigen und dabei durch die Darlegung des Prozesses der Übermittlung einer Botschaft eine Grundlage für die Gestaltung des Kommunikationsmodells bilden. Ziel ist die Feststellung, wie Botschaften vom Sender zum Empfänger gelangen. Auch Schulz von Thun definiert diesen Bestandteil der Kommunikationspolitik als kommunikationspsychologische Modelle.[91] Im zweiten Abschnitt werden *Kommunikationstechniken* analysiert, die vom Sender einer Botschaft angewandt werden können, um die Bedeutungsinhalte mit einer verbesserten Wirkung zu kommunizieren. Im Gegensatz zu den zuvor beschriebenen psychologischen Grundlagen sind die Kommunikationstechniken vom Sender direkt beeinflussbar, da diese für die Übermittlung der Botschaft individuell auf die Adressaten ausgerichtet werden können. Hanfstein setzt die Techniken der Kommunikation gleich mit Manipulationstechniken, durch deren Anwendung ein erfolgreiches Überzeugen des Empfängers erreicht werden soll.[92] Im dritten Abschnitt wird auf die *Identitätsorientierung* der Kommunikationspolitik eingegangen, zu der nach Salecker die Corporate Identity eines Unternehmens gehört.[93] Ziel der Beachtung der identitätsorientierten Kommunikation ist dabei das frühzeitige Erkennen von möglichen kulturellen Unterschieden zwischen zwei Unternehmen, um dadurch die Kommunikationsstrategie auf eine möglicherweise gewollte Veränderung oder Anpassung der Corporate Culture auszurichten. Im vierten Abschnitt wird schließlich der *Planungsprozess* der Kommunikationspolitik erörtert, der einen Ablauf von der Kommunikationszielsetzung über die anwendbaren Maßnahmen bis zur Erfolgskontrolle abbilden soll. Auch Bruhn benennt diese phasenspezifische Handlungskette als „Planungsprozess der Marktkommunikation"[94].

4.2   Psychologische Grundlagen

Bruhn bezeichnet zunächst einmal einen Sender, eine Botschaft sowie einen Empfänger als die Minimalelemente eines Kommunikationssystems.[95] Dabei kann nach Olbrisch die von Shannon und Weaver entwickelte Kommunikationstheorie des

---

[91]   Vgl. Schulz von Thun 2012b.

[92]   Vgl. Hanfstein 2012.

[93]   Vgl. Salecker 1995, S. 265.

[94]   Bruhn 2007, S. 51.

[95]   Vgl. Bruhn 2007, S. 38.

klassischen Sender-Empfänger-Modells als generelle Grundlage der Kommunikationspolitik betrachtet werden.[96] Das Sender-Empfänger-Modell zeigt auf, dass Sender bestimmte Botschaften auf unterschiedlichste Art und Weise *senden* und diese vom Empfänger ebenfalls auf unterschiedlichste Art und Weise *empfangen* werden.[97] Schulz von Thun beschreibt zusätzlich, dass die Übermittlung und der Empfang von Botschaften stets über vier verschiedene Ebenen erfolgen. Diese vier Ebenen lauten: Beziehungsebene, Appellebene, Selbstoffenbarungsebene und Sachebene.[98] Das Modell nach Schulz von Thun lässt sich somit in das Sender-Empfänger-Modell einordnen und kann als dessen Erweiterung bzw. Verfeinerung durch die zusätzliche Kodierung sowie Dekodierung von Botschaften betrachtet werden. Auch Oberlin nimmt in seiner grafischen Darstellung eine Einordnung des Modells nach Schulz von Thun in das Sender-Empfänger-Modell vor.[99] Das Modell nach Woodworth verweist darüber hinaus ebenfalls auf den Prozess der Übertragung einer Botschaft, die vom Sender an den Empfänger kommuniziert wird, wobei Woodworth mit den Variablen S, O und R arbeitet.[100] Die Variablen S, O und R stehen dabei für Stimuli (S), Organismus (O) sowie Response (R).[101] Swoboda beschreibt, dass S den gesendeten Reiz des Senders darstellt, der eine bestimmte Handlung beim Adressaten auslösen soll, die wiederrum als R bezeichnet wird. Die Variable O steht hingegen für psychologische Vorgänge beim Empfänger, die auf eigenen Erinnerungen, Einstellungen und Emotionen basieren und dabei in Kombination mit der gesendeten Botschaft zu einer jeweils individuellen Handlung führen.[102] Das zuletzt beschriebene SOR-Modell nach Woodworth kann dabei prinzipiell als Weiterführung des Modells nach Schulz von Thun betrachtet werden, da die Botschaft den Empfänger nun nicht mehr nur auf vier verschiedenen Ebenen erreicht, sondern diese zusätzlich durch subjektive, psychologische Einstellungen individuell interpretiert wird.

Abschließend lässt sich jedoch die kritische Aussage von Bruhn heranziehen, der anmerkt, dass es sich bei den beschriebenen Kommunikationssystemen um vereinfachte Abbilder der Realität handelt, die zwar Ursachen und Wirkungszusammen-

---

[96]   Vgl. Olbrisch 2007.

[97]   Vgl. Gärtner/Sicheneder 2012.

[98]   Vgl. Schulz von Thun 2012a.

[99]   Vgl. Oberlin 2012. Eine Abbildung des klassischen Sender-Empfänger-Modells mit Integration der Theorie nach Schulz von Thun befindet sich im Anhang 8.2.

[100] Vgl. Oltmanns 2008, S. 32.

[101] Vgl. Bruhn 2007, S. 44 – 45.

[102] Vgl. Swoboda 2012.

hänge theoretisch erklären, jedoch für die Praxis über keine originäre Erklärungskraft verfügen.[103]

4.3 Kommunikationstechniken

4.3.1 Kommunikationswege

Während die zuvor beschriebenen psychologischen Grundmodelle der Kommunikation den Übermittlungsvorgang einer Botschaft theoretisch erklären, geht es bei der Auswahl von Kommunikationswegen nun primär darum, zu bestimmen, auf welchem Weg mit dem Empfänger in Kontakt getreten werden kann. Schewe definiert den Begriff *Kommunikationsweg* als „Kommunikationsbeziehung zwischen zwei Kommunikationspartnern im Rahmen des betrieblichen Kommunikationssystems"[104]. Salecker differenziert dabei zwischen den folgenden zwei Kommunikationswegen:

- *Direkte, persönliche Kommunikation*: Die Vorteile hierbei liegen darin, dass sich der Empfänger der Kommunikation nicht entziehen kann und eine Rückkopplung an den Sender gewährleistet ist.[105]

- *Indirekte, unpersönliche Kommunikation*: Die Übermittlung der indirekten Kommunikation kann medial erfolgen und wird daher von Salecker auch als medial vermittelte Kommunikation bezeichnet.[106] Die folgende Definition liefert dabei ebenfalls eine äußerst prägnante Erklärung dieses Kommunikationsweges: Nach Esch handelt es sich bei der indirekten Kommunikation um öffentliche Aussagen, die „durch technische Verbreitungsmittel bei räumlicher oder zeitlicher Distanz zwischen den Kommunikationspartnern an ein voneinander getrenntes Publikum vermittelt werden"[107].

Eine besondere Rolle nehmen in Bezug auf die Kommunikationswege die sogenannten Meinungsführer ein. Nach Kirchgeorg können Meinungsführer als Mitglieder innerhalb von Gruppen bezeichnet werden, die einen stärkeren Einfluss auf die übrigen Gruppenmitglieder ausüben können als andere.[108] Der Vorteil der gezielten

---

[103] Vgl. Bruhn 2007, S. 41.

[104] Schewe 2012.

[105] Vgl. Salecker 1995, S. 55.

[106] Vgl. Salecker 1995, S. 54.

[107] Esch 2012c.

[108] Vgl. Kirchgeorg 2012b.

Ansprache von Meinungsführern wird somit deutlich: Werden Meinungsführer von der Vorteilhaftigkeit einer Botschaft überzeugt, kann deren Wirkung innerhalb der Gruppe des Meinungsführers deutlich verstärkt werden. Während Kirchgeorg die Rolle des Meinungsführers jedoch auf die persönliche Kommunikation beschränkt, sieht Salecker dessen Rolle auch bei der Massenkommunikation als relevant.[109]

Die Thematik der Kommunikationswege ist letztlich für die Auswahl der Kommunikationsmaßnahmen innerhalb des Kommunikationsmodells relevant, denn bei der Ansprache der unterschiedlichen Anspruchsgruppen kann nun zwischen der persönlichen und der unpersönlichen Kommunikation unterschieden werden. Während für die Übermittlung einer Botschaft an beispielsweise die eigenen Mitarbeiter der persönliche Kommunikationsweg geeigneter erscheint, ist die mediale Kommunikation bei einer gewünschten Ansprache der Gesellschaft als sinnvoller einzustufen.

4.3.2 Konsenstheorie

Im Rahmen von M&A-Transaktionen sollte das Management beim Treffen von Entscheidungen darauf achten, dass bei den Anspruchsgruppen zumindest ein Minimum an Konsens erreicht wird. Ortmann schreibt in diesem Zusammenhang: „Ohne ein Minimum an Konsens kann weder das Management noch das Personal leben – noch die Produktion funktionieren"[110]. Während Ortmann die Wichtigkeit eines Konsens lediglich auf die eigenen Mitarbeiter bezieht, kann deren Bedeutung auch auf andere Anspruchsgruppen übertragen werden. Denn aus der Aussage von Ortmann lässt sich ableiten, dass es bei der Bildung eines Konsens letztlich darum geht, das für eine erfolgreiche Unternehmung notwendige Engagement der beteiligten Personen sicherzustellen. Gerpott fügt dabei hinzu, dass Entscheidungen, die nicht auf einen Konsens, sondern auf eine hierarchische Machtanwendung zurückzuführen sind, lediglich in einzelnen Ausnahmesituationen erfolgversprechend sein können.[111]

4.3.3 Partizipationstheorie

Die partizipative Führung lässt sich zunächst allgemeingültig definieren als die Teilhabe von Personen an Entscheidungen der Unternehmensführung. Nach Strauss kann dabei der Grad der Partizipation von „passiven Informationsrechten bis hin zu

---

[109] Vgl. Kirchgeorg 2012b; vgl. Salecker 1995, S. 55.

[110] Ortmann 1992, S. 15.

[111] Vgl. Gerpott 1993, S. 103.

proaktiven, umfassenden Entscheidungsbefugnissen reichen"[112]. Grün beschreibt im Zusammenhang mit M&A-Transaktionen den wissenschaftlich erwiesenen Nutzen der Mitarbeitereinbindung, der vor allem auf den Abbau von Barrieren und der Verstärkung der Kooperation zwischen den beteiligten Unternehmen zurückzuführen ist.[113] Nach Salecker kann die partizipative Führung auch bei anderen Anspruchsgruppen angewandt werden und muss sich nicht ausschließlich auf die eigenen Mitarbeiter beschränken.[114]

Betrachtet man nun die im vorherigen Kapitel beschriebene Konsenstheorie, lassen sich gewisse Parallelen zur Partizipationstheorie feststellen. Während die zuvor beschriebene Konsenstheorie die Wichtigkeit eines Konsens mit den Anspruchsgruppen bei Entscheidungen aufzeigt, kann das Anwenden der Partizipationstheorie als unterstützendes Instrument zur Herbeiführung eines Konsens betrachtet werden.

4.3.4 Dissenstheorie

Den Gegensatz zur Konsenstheorie bildet die Dissenstheorie, in der viele Autoren davon ausgehen, dass entstehende Konflikte nicht grundlegend negative Auswirkungen auf Geschäftsbeziehungen haben müssen. Auch Grün beschreibt die weitestgehende Einigkeit in der Wissenschaft, dass Konflikte auch „positive Facetten"[115] haben können. Nach Schögel fördern Konflikte durch den daraus resultierenden Lösungsfindungsprozess beispielsweise neue Ideen.[116] DeMars und Devasagayam beschreiben in diesem Zusammenhang, dass Konflikte positive Veränderungen für die am Konflikt beteiligten Parteien hervorrufen können, wie z. B. Kosteneinsparungen.[117] Durch diese Aussage wird deutlich, dass entstehende Konflikte durchaus zu einem Übergang in einen partizipativen Lösungsprozess und einem anschließenden Konsens führen können.

Es existieren jedoch auch Autoren, die auftretende Konflikte für gänzlich schädlich für Geschäftsbeziehungen halten und darin keine positive Wirkung sehen.[118] Ob Geschäftsbeziehungen durch Konflikte nun positiv oder negativ beeinflusst werden, ist sicherlich von der Art der Geschäftsbeziehung und von der Art des Konflikts ab-

---

[112] Strauss 1998, zitiert nach: Das Wirtschaftslexikon 2012.

[113] Vgl. Grün 2010, S. 49.

[114] Vgl. Salecker 1995, S. 174.

[115] Grün 2010, S. 59.

[116] Vgl. Schögel 1997, S. 92.

[117] Vgl. DeMars/Devasagayam 2004, S. 378.

[118] Vgl. Grün 2010, S. 88.

hängig. Grün empfiehlt in diesem Zusammenhang jedoch, potentielle Konflikte idealerweise bereits im Vorfeld zu antizipieren und durch präventive Maßnahmen zu verhindern.[119]

4.4 Identitätsorientierung

Die Corporate Identity stellt das Dachgerüst für die Formulierung von Kommunikationsbotschaften sowie den Einsatz von Kommunikationsmaßnahmen dar. Olbrisch beschreibt die Corporate Identity in diesem Zusammenhang als das Marketingleitbild, auf das alle anzuwendenden Maßnahmen aufbauen.[120] Hüttenrauch sieht dabei die folgenden Aspekte als Bestandteile der Corporate Identity: Corporate Culture, Corporate Design, Corporate Communication und Corporate Behavior.[121]

Die Corporate Culture repräsentiert zunächst die Firmenwerte und ist durch Verhaltensmuster und Einstellungen der Mitarbeiter beobachtbar.[122] Gerade im Rahmen einer M&A-Transaktion kommt der Corporate Culture eine besondere Bedeutung zu, denn hier besteht eine hohe Wahrscheinlichkeit, dass durch die Transaktion zwei verschiedene Unternehmenskulturen aufeinandertreffen. Während beispielsweise offensichtliche Gemeinsamkeiten zwischen zwei Unternehmen, wie ein gemeinsamer Kundenkreis oder ähnliche Produkte, in gewissem Maße zusammengeführt und somit Synergieeffekte genutzt werden können, kann eine unterschiedliche, nichtbeachtete Unternehmenskultur „auf der tieferen Ebene"[123] zu großen Schwierigkeiten führen. Menz spricht dabei von der Herausforderung der Zusammenführung unterschiedlicher Kulturen bei M&A.[124] Salecker unterscheidet dabei zwischen den drei Kulturebenen der Landeskultur, der Branchenkultur und der Unternehmenskultur, deren Charakteristik sich letztlich auf die Corporate Culture auswirkt.[125] Diese Kategorisierung deckt sich dabei wesentlich mit den Ansätzen anderer Autoren.[126] Um ein Verständnis über die Landes-, Branchen- und von den Mitarbeitern gelebte Unternehmenskultur zu erhalten, sieht Snow das Heranziehen von Hofstede's Machtdistanz als geeignetes Instrument.[127] Setzt man sich intensiver mit Hofstede's

---

[119] Vgl. Grün 2010, S. 59.

[120] Vgl. Olbrisch 2007.

[121] Vgl. Hüttenrauch 2005.

[122] Vgl. Hüttenrauch 2005.

[123] Menz 2007, S. 20.

[124] Vgl. Menz 2007, S. 19 – 20.

[125] Vgl. Salecker 1995, S. 28 – 33.

[126] Vgl. Snow 2011, S. 270.

[127] Vgl. Snow 2011, S. 270.

Kulturdimensionen auseinander, lässt sich erkennen, dass sich prinzipiell alle Dimensionen für die Analyse von kulturellen Unterschieden in den nach Salecker beschriebenen drei Kulturebenen eignen.[128] Auch Salecker sieht die Durchführung einer Kulturanalyse als grundlegend für das Erkennen von möglichen Misfits zwischen zwei Unternehmen. Dabei kann im Falle von zu großen Diskrepanzen zwischen den beteiligten Unternehmen die Transaktion nochmals überdacht bzw. die Kommunikationspolitik den Anforderungen entsprechend ausgerichtet werden.[129] Daraus kann die Erkenntnis gezogen werden, dass die Kulturanalyse bereits in der Due Diligence Phase durchgeführt werden sollte.

Die Corporate Culture bildet dabei eine Grundlage für die Entwicklung des Corporate Designs, der Corporate Communication und des Corporate Behaviors. Während durch das Corporate Design ein einheitliches Erscheinungsbild erreicht werden soll, hat die Corporate Communication hingegen die Funktion, die Firmenidentität widerspruchsfrei an alle Anspruchsgruppen zu kommunizieren.[130] Somit nimmt die Abfolge des in dieser Arbeit zu entwickelnden Planungsprozesses der Kommunikationspolitik prinzipiell die Rolle eines grundlegenden Elements der Corporate Communication bei M&A-Transaktionen ein. Das Corporate Behavior bestimmt hingegen ein einheitliches und stimmiges Verhalten von Mitarbeitern gegenüber den Anspruchsgruppen.[131]

Letztendlich sieht Salecker die Funktion der Corporate Identity mit ihren einzelnen Aspekten in der Vermittlung von Sinn, dem Aufbau von Motivationspotentialen, der Unterstützung der Konsensbildung, der Erleichterung der Orientierung, der Vereinfachung der Koordination, der Begründung von Identität und in der Eröffnung von Lernpotentialen.[132] Neben der Entscheidungshilfe für oder gegen eine Transaktion bildet die definierte Corporate Identity somit eine Grundlage für die Formulierung der Kommunikationsstrategie.

---

[128] Die Machtdistanz repräsentiert eines der fünf Kulturdimensionen nach Hofstede. Weiterhin existieren: Individualismus und Kollektivismus, Maskulinität versus Femininität, Unsicherheitsvermeidung, Lang- oder kurzfristige Ausrichtung.

[129] Vgl. Salecker 1995, S. 235.

[130] Vgl. Hüttenrauch 2005.

[131] Vgl. Hüttenrauch 2005.

[132] Vgl. Salecker 1995, S. 232.

4.5 Planungsprozess

4.5.1 Selektion eines Planungsprozesses

In diesem Kapitel gilt es nun, den Planungsprozess der Kommunikationspolitik näher zu untersuchen. Ziel ist dabei, einen grundlegenden Handlungsablauf für das zu entwickelnde Kommunikationsmodell festlegen zu können. Auch Hüttenrauch ist dabei der Ansicht, dass der Erfolg der Kommunikationspolitik „stark von einer gezielten und systematischen Planung"[133] abhängt. Dabei lassen sich bei der Betrachtung von Planungsansätzen von verschiedenen Autoren wesentliche Parallelen feststellen. Prinzipiell können in verschiedenen Ansätzen die folgenden Prozessphasen übereinstimmend beobachtet werden: *Situationsanalyse*, *Definition der Zielsetzung*, *Durchführung der Kommunikationsmaßnahmen* und *Erfolgskontrolle*, wobei in diese Reihenfolge meinst noch die *Festlegung des Kommunikationsbudgets*, die *Festlegung von Verantwortlichkeiten* sowie die *Zeitplanung* integriert wird.[134] Während sich auch das Planungsmodell nach Bruhn an dieser typischen Reihenfolge orientiert, liefert der Autor zudem die derzeit detaillierteste wissenschaftliche Darstellung der einzelnen Phasen, weshalb sein Modell folgend als Grundlage für die Untersuchung des Planungsprozesses der Kommunikationspolitik herangezogen wird.[135] Das Modell nach Bruhn wird dabei in der Literatur allgemein als Standardwerk bezeichnet.[136] In den folgenden Kapiteln werden nun die einzelnen Phasen des Planungsprozesses der Kommunikationspolitik nach Bruhn beschrieben.

4.5.2 Situationsanalyse

Nach Bruhn kann die Situationsanalyse zunächst als Erfassung des Ist-Zustandes betrachtet werden.[137] Dabei bildet die Situationsanalyse eine „komplette Bestandsaufnahme kommunikationsrelevanter Sachverhalte mit dem Ziel, kommunikationspolitische Chancen und Risiken sowie Stärken und Schwächen offen zu legen"[138]. Als grundlegendes Werkzeug sieht Bruhn dabei die Marktforschung, zu deren Instrumenten auch Befragungen zählen.[139] Weitere Instrumente der Situationsanalyse

---

[133] Hüttenrauch 2005.

[134] Vgl. Bruhn 2007, S. 124; vgl. Höveler 2012; vgl. Mantai 2004, S. 8.

[135] In diesem Kapitel wird der Planungsprozess lediglich allgemeingültig dargestellt. Eine spezifische Ausrichtung auf die Kommunikation bei M&A erfolgt in Kapitel fünf.

[136] Vgl. Vogel 2012, S. 37.

[137] Vgl. Bruhn 2007, S. 125.

[138] Bruhn 2007, S. 126.

[139] Vgl. Bruhn 2007, S. 127.

sind Branchen- und Unternehmensanalysen, deren Ergebnisse letztlich im Rahmen einer SWOT-Analyse zusammengetragen werden können.[140] Die Situationsanalyse bildet somit zunächst die Grundlage für die weitere Vorgehensweise im Planungs-prozess. Vom ermittelten Ist-Zustand ist letztlich abhängig, welche Kommunikati-onsziele zu definieren sind.

4.5.3 Kommunikationsziele

Während nun im Rahmen der Situationsanalyse der Ist-Zustand ermittelt wurde, dient die Festlegung der Kommunikationsziele der Definition des Soll-Zustandes. Bruhn sieht in der Definition des Soll-Zustandes die Beantwortung der Frage: „Was soll erreicht werden?"[141]. Dabei ist darauf zu achten, dass die Ziele nicht zu allge-meingültig, sondern präzise formuliert werden.[142] Meffert sieht in dem Einbezug der Adressaten in die Zielsetzung zudem die Möglichkeit einer effizienteren Planung.[143] Auch Bruhn erwähnt die Möglichkeit einer „zielgruppenorientierten Kommunikati-onszielplanung"[144], wobei die Ziele bereits spezifischen Adressaten zugeordnet werden können. Bruhn sieht in der Festlegung der Kommunikationsziele schließlich die Grundlage für die Bestimmung von Aktivitäten sowie einen Bewertungsmaßstab für die spätere Erfolgskontrolle.[145]

4.5.4 Zielgruppenplanung

Wird bereits im Rahmen der Festlegung der Kommunikationsziele eine zielgruppen-orientierte Planung durchgeführt, kann diese Phase der Zielgruppenplanung als Feinselektion betrachtet werden, in der eine detaillierte Kategorisierung der bereits identifizierten Zielgruppen erfolgt. Um diese Feinselektion durchzuführen, eignen sich insbesondere Instrumente wie eine Matrixanalyse oder eine ABC-Analyse. Eine Matrixanalyse stellt dabei nichts anderes dar, als die Einordnung der analysierten Adressaten innerhalb ihrer Gruppierungen gemäß ihrer Attraktivität und Kooperati-onsbereitschaft bzw. ihrem Einfluss und Interesse.[146] Nach Tiemeyer werden bei einer ABC-Analyse hingegen die identifizierten Zielgruppen innerhalb ihrer Gruppie-rungen gemäß ihrem Einfluss auf den Unternehmenserfolg kategorisiert, wobei A

---

[140] Vgl. Bruhn 2007, S. 129.

[141] Bruhn 2007, S. 168.

[142] Vgl. Bruhn 2007, S. 169.

[143] Vgl. Meffert 2000, S. 112.

[144] Bruhn 2007, S. 174.

[145] Vgl. Bruhn 2007, S. 167.

[146] Vgl. Bruhn 2007, S. 212. Auch Power-Interest-Matrix genannt.

einen hohen Einfluss, B einen mittleren Einfluss und C einen geringen Einfluss bedeuten kann.[147]

4.5.5 Festlegung der Kommunikationsstrategie

Im Rahmen der Festlegung der Kommunikationsstrategie gilt es nun, die zu übermittelnden Kommunikationsbotschaften, das Timing sowie das Areal zu bestimmen.[148] Bruhn beschreibt, dass die Kernbotschaft auf die Adressaten und das Kommunikationsobjekt auszurichten ist. Das Kommunikationsobjekt kann dabei eine Marke, ein Produkt, eine Dienstleistung oder das Unternehmen selbst sein.[149] Das Timing stellt schließlich die Zeitplanung der Kommunikationsmaßnahmen und das Areal den geografischen Einsatz dar.[150]

Auch die Budgetierung der Kommunikationskampagne ist in Bezug auf die Finanzierung der Planungsphase, der Durchführungsphase und der Kontrollphase grundlegend.[151]

4.5.6 Einsatz von Kommunikationsmaßnahmen

Durch den Einsatz von Kommunikationsmaßnahmen sollen nun die Kommunikationsziele operativ bei den selektierten Zielgruppen realisiert werden.[152] Recherchiert man in der Fachliteratur nach typischen Maßnahmen, lassen sich bei den Ansätzen verschiedener Autoren wesentliche Übereinstimmungen beobachten. Dabei werden beispielsweise immer wieder Maßnahmen wie die klassische Werbung, Multimediakommunikation, Direct Marketing, Public Relations, Sponsoring, Messen, Events und die persönliche Kommunikation genannt.[153] Nach Esch hat der Einsatz der Maßnahmen dabei das Ziel der emotionalen sowie der informativen Positionierung von Botschaften.[154]

---

[147] Vgl. Tiemeyer 2002.

[148] Vgl. Bruhn 2007, S. 226.

[149] Vgl. Bruhn 2007, S. 227.

[150] Vgl. Bruhn 2007, S. 228.

[151] Vgl. Bruhn 2007, S. 245

[152] Vgl. Bruhn 2007, S. 343.

[153] Vgl. Bruhn 2007, S. 344.

[154] Vgl. Esch 2012b.

Nach der Maßnahmenselektion und vor deren Einsatz ist nach Bruhn im Rahmen der Maßnahmenplanung zudem die individuelle Ausgestaltung, jedoch immer unter dem Handlungsrahmen der Kommunikationsstrategie, vorzunehmen.[155]

4.5.7 Erfolgskontrolle der Kommunikation

Wie bereits im Rahmen von Kapitel 2.5 beschrieben, bezieht sich eine Erfolgskontrolle generell auf die vorab definierten Ziele. Auch nach Bruhn hängt die Erfolgsmessung der Kommunikationspolitik vom Erreichungsgrad der kommunikativen Zielsetzung ab.[156] Daraus lässt sich schließen, dass die Selektion der in diesem Kapitel untersuchten Kontrollinstrumente und -indikatoren in der Praxis gemäß ihrem Bezug zur definierten Zielsetzung erfolgen muss. Bei der Vorgehensweise der Erfolgsmessung unterscheidet Bruhn zwischen zwei grundlegenden Methoden: die Methode der Beobachtung und die Methode der Befragung.[157]

Die folgenden Kontrollinstrumente und -indikatoren können dabei der Methode der Beobachtung zugeteilt werden:

- *Finanzielle Kennzahlen*: Zunächst nennt Bruhn monetäre Größen wie den Gewinn, Umsatz, Deckungsbeitrag und den Shareholder Value als Kennzahlen. Dabei ist der Autor der Ansicht, dass sich der Erfolg der Kommunikation letztlich auf den ökonomischen, monetären Unternehmenserfolg auswirken muss.[158] Neben dem Unternehmenswert empfiehlt Jansen ebenfalls das Umsatzwachstum als Erfolgsmaß, welches als Indikator für den operativen Erfolg fungieren kann.[159]

- *Wachstumsrate*: Burgstahler nennt neben dem Heranziehen des Umsatzes zudem die Wachstumsrate des Unternehmens als geeigneten Erfolgsindikator.[160]

- *Messung des Marktanteils*: Neben der Verwendung des Marktanteils im Rahmen der Messung des Integrationserfolgs[161] sieht Grün diesen Indikator als

---

[155] Vgl. Bruhn 2007, S. 50.

[156] Vgl. Bruhn 2007, S. 5.

[157] Vgl. Bruhn 2007, S. 521.

[158] Vgl. Bruhn 2007, S. 544 – 545.

[159] Vgl. Jansen 2001, S. 44.

[160] Vgl. Burgstahler 2001.

ebenfalls geeignet für die Messung des Kommunikationserfolgs. Er verweist dabei auf die siebenstufige Likert-Skala, wobei die Entwicklung des Marktanteils „mit 1 = ‚stark gesunken' und 7 = ‚stark gestiegen'"[162] angegeben werden kann. Grün fügt das Ergebnis von Untersuchungen hinzu, dass „Unternehmen mit ausgewiesenen Marktanteilssteigerungen gegenüber ihren Wettbewerbern bei den Kriterien finanzielle Performance, Kundenbindung und Kundenzufriedenheit besser abschneiden"[163].

- *Kundenneugewinnungsrate, Kundenabwanderungsrate, Kundenbindungsrate*: Grün nennt das Heranziehen von Kundenraten als geeignete, quantitativ-objektive Messgrößen für den kundenorientierten Kommunikationserfolg.[164]

- *Medienresonanzanalyse*: Deg definiert eine Medienresonanzanalyse als Prüfung der Medien in Bezug auf die Berichterstattung über die durchgeführten Kommunikationsaktivitäten, wobei die Ergebnisse in einem Pressespiegel zusammengefasst werden können.[165] Das Ergebnis gibt daraufhin eine Auskunft über die Art und Weise, mit der die festgelegte Kommunikationsbotschaft medial kommuniziert wurde.

- *InterBrand Studie*: Die jährlich erscheinende InterBrand Studie beinhaltet ein Ranking der wertvollsten Marken weltweit.[166] Dabei sieht auch Ruisinger den Markenwert als geeigneten Indikator für den Kommunikationserfolg.[167]

- Bruhn nennt zudem die Messung der *Einschaltquoten von TV-Werbung*[168] sowie die *Registrierung der Zugriffe im Internet*[169] als Indikatoren für die erfolgreiche Umsetzung von TV- und Internetkampagnen.

- *Beschwerdestatistiken* liefern letztlich eine effektive Auswertung des Beschwerdemanagements.[170] Diese Statistiken helfen bei der Identifizierung von Faktoren, die zu Unzufriedenheit bei den analysierten Adressaten führen.

---

[161] Siehe Kapitel 2.5 – Erfolgskontrolle bei M&A.

[162] Grün 2010, S. 119.

[163] Grün 2010, S. 70.

[164] Vgl. Grün 2010, S. 66.

[165] Vgl. Deg 2009, S. 41.

[166] Vgl. Handelsblatt Online 2007.

[167] Vgl. Ruisinger 2008, S. 105.

[168] Vgl. Bruhn 2007, S. 538.

[169] Vgl. Bruhn 2007, S. 521.

- *Fluktuationsrate*: Die Messung der Fluktuation muss sich dabei nicht nur auf die Anspruchsgruppe der Mitarbeiter beschränken, sondern kann auch auf andere, relevante Personengruppen, wie beispielsweise die Lieferanten, erweitert werden.[171]

Neben den zuvor genannten Methoden der Beobachtung können Befragungen zunächst in Form von Fragebögen oder Online-Evaluationstools durchgeführt werden, wobei diese Kontrollinstrumente an die Anforderungen der jeweiligen Personengruppe abzustimmen sind. Befragungen eignen sich, um den subjektiven Zielerreichungsgrad bei den Anspruchsgruppen ermitteln und gegebenenfalls reagieren zu können, sofern die gewünschte Wirkung nicht vollständig erreicht wurde. Dabei müssen sich die Befragungen nicht auf die Anspruchsgruppen beschränken, sondern können beispielsweise um das Hinzuziehen von Expertenmeinungen erweitert werden.[172] In Bezug auf die Auswertung der Befragungen empfiehlt Joka das Erstellen eines Zufriedenheitsindex, der ein aggregiertes Befragungsergebnis darstellt und beispielsweise die Zufriedenheit mehrerer Kundengruppen kumuliert darstellen kann.[173] Betrachtet man die den Kategorien der Beobachtung und Befragung zugeteilten Kontrollinstrumente und -indikatoren, wird deutlich, dass die Beobachtungsergebnisse prinzipiell eine quantitative und die Befragungsergebnisse primär eine qualitative Eigenschaft besitzen.

Die Grenzen der Erfolgsmessung der Kommunikationspolitik liegen nach Salecker bei nicht eindeutig trennbaren Wirkungsinterdependenzen zwischen den durchgeführten Kommunikationsmaßnahmen und anderen werttreibenden Faktoren.[174] Diese Problematik besteht vor allem, wenn für das Erreichen eines oder gar mehrerer Kommunikationsziele eine Vielzahl an Maßnahmen durchgeführt wird. Zum derzeitigen Stand der Forschung lässt sich die Wirkungsentfaltung der Kommunikationsmaßnahmen nur in Bezug auf den Erreichungsgrad der Zielsetzung bewerten, wobei die Effektivität des Maßnahmeneinsatzes nur in seiner Gesamtheit beurteilt werden kann.[175]

---

[170] Vgl. Krosse/Ringel 2011, S. 4.

[171] Vgl. Insam 2012.

[172] Vgl. Grün 2010, S. 109.

[173] Vgl. Joka 2002, S. 302.

[174] Vgl. Salecker 1995, S. 208 – 209.

[175] Das Heranziehen einer Balanced Scorecard ist ein Ansatz, die ziel- und instrumentenspezifische Erfolgsmessung in Bezug auf die Kommunikationspolitik zu ermöglichen. Siehe Kapitel 5.2.7.

5 Kommunikationspolitik bei Mergers and Acquisitions

5.1 Struktur des Kommunikationsmodells

Nachdem in den vorherigen Kapiteln die beiden Forschungsgegenstände dieser Arbeit, die Theorie von M&A sowie die Kommunikationspolitik, untersucht wurden, erfolgt in diesem Kapitel die Zusammenführung dieser beiden Themenbereiche. Realisiert werden soll diese Zusammenführung durch die Entwicklung eines Kommunikationsmodells, das auf die Kommunikation bei M&A-Transaktionen ausgerichtet ist. Ziel dabei ist, anhand des Kommunikationsmodells zu belegen, dass sich die Kommunikationspolitik bei Transaktionen maßgeblich auf den zukünftigen Integrations- und Unternehmenserfolg auswirken kann. Nachdem die Bedeutung der Kommunikationspolitik bei M&A bereits in Kapitel drei empirisch nachgewiesen wurde, kann die Entwicklung des Kommunikationsmodells in diesem Kapitel als Versuch des theoretischen Belegs betrachtet werden. Weiterhin kann dem Modell die Funktion eines Handlungsleitfadens zugeschrieben werden, der von Unternehmen als Orientierung für die Planung, Durchführung und Kontrolle von Kommunikationsmaßnahmen im Rahmen von M&A-Transaktionen herangezogen werden kann.

Grundlegend für den Aufbau des Kommunikationsmodells ist zunächst die Festlegung eines Planungsprozesses. Hierzu wird der in Kapitel 4.5 beschriebene Planungsprozess der Kommunikationspolitik nach Bruhn herangezogen, an dessen Phasen sich das zu entwickelnde Modell orientiert. An dieser Stelle wird bereits auf die grafische Darstellung der folgenden Ausarbeitungen verwiesen, um die beschriebenen Bestandteile des Modells im Verlauf der nächsten Kapitel besser nachvollziehen und Wirkungszusammenhänge aus einer Metaperspektive erkennen zu können. Während die Abbildung im Anhang 8.4 zunächst das entwickelte Kommunikationsmodell darstellt, werden in der Abbildung im Anhang 8.6 alle Bestandteile des Modells den zugrunde liegenden Kapiteln dieser Arbeit zugeordnet, in denen sich die ausführliche Erklärung befindet. Da innerhalb des Kommunikationsmodells sowohl die einzelnen Komponenten der Ist-Situation als auch die Kommunikationsziele, Maßnahmen und Kontrollinstrumente zugunsten der Übersichtlichkeit mit Abkürzungen versehen wurden, enthält die Abbildung im Anhang 8.5 eine Übersicht der verwendeten Abkürzungen sowie eine Darstellung der empfohlenen Handlungsabläufe[176], die in den folgenden Kapiteln ausführlich erläutert werden.

---

[176] Innerhalb der Handlungsabfolgen wird empfohlen, welche Kommunikationsziele, Maßnahmen und Kontrollinstrumente aus der identifizierten Ist-Situation abzuleiten sind.

5.2 Entwicklung des Kommunikationsmodells

5.2.1 Koordination der Kommunikation

Zunächst einmal hat die Geschäftsleitung eine übergeordnete Rolle bei der Verteilung von Verantwortlichkeiten an die am M&A-Prozess beteiligten Personen. Dabei wurde im Kapitel 2.3 beschrieben, dass die Durchführung einer Transaktion meist von einer internen Akquiseabteilung, einem speziell für die Transaktion gegründeten Team oder von externen Beratern koordiniert wird. Die Planung, Durchführung und Kontrolle der Kommunikationspolitik sollte dabei zweifelsohne in Zusammenarbeit mit einer Marketing- & Kommunikationsabteilung oder einer externen Agentur erfolgen. Nach Bruhn ist zudem die Kalkulation des Kommunikationsbudgets ein fester Bestandteil des Planungsprozesses.[177] Auch Deg beschreibt, dass die Budgetierung grundlegend ist für die Auswahl von Maßnahmen und deren Bestimmung des Umfangs.[178] Dabei beinhaltet diese Phase die Aufgaben der Kalkulation, Freigabe und Kontrolle des Budgets der Kampagne. Da davon ausgegangen werden kann, dass aufgrund der Besonderheit und Individualität einer M&A-Transaktion kein festes Budget für eine diesbezügliche Kommunikationskampagne existiert, wurde diese finanzielle Komponente außerhalb des klassischen Planungsprozesses platziert und sollte dabei vorab von den koordinierenden Zuständigen in Zusammenarbeit geplant und kontrolliert werden.

5.2.2 Zielgruppenorientierte Situationsanalyse

In Kapitel 2.4 wurde zunächst einmal festgestellt, dass die Anspruchsgruppen des Unternehmens die Adressaten der Kommunikation bei M&A-Transaktionen darstellen und dabei die Beachtung ihrer individuellen Interessen sowie die Ansprache ihrer individuellen Bedenken letztlich die Hauptaufgabe der Kommunikation bilden. Salecker schreibt dabei von der „Notwendigkeit einer Ziel- bzw. Stakeholdergruppen ausgerichteten Kommunikationspolitik"[179]. Ziel ist somit, das Commitment der Anspruchsgruppen zu sichern und auf mögliche transaktionsspezifische Bedenken und Unsicherheiten reagieren zu können. Diese Anforderung führt dabei zur logischen Konsequenz, dass die Erfassung der Ist-Situation bereits zielgruppenorientiert erfolgen sollte. Auch die Tatsache, dass Bruhn und Meffert im nächsten Planungsschritt eine zielgruppenorientierte Zielsetzung empfehlen, unterstützt die Ausrichtung der

---

[177] Vgl. Bruhn 2007, S. 124.

[178] Vgl. Deg 2009, S. 38.

[179] Salecker 1995, S. 9.

vorhergehenden Situationsanalyse auf die individuellen Interessen und Bedenken der Anspruchsgruppen.[180] Denn letztlich bildet die Situationsanalyse die Ausgangsbasis für die folgende Definition der Kommunikationsziele, weshalb diese im Rahmen des Modells als *zielgruppenorientierte Situationsanalyse* bezeichnet wird.

Folgend soll nun festgelegt werden, wie die transaktionsspezifischen Interessen und Bedenken der Anspruchsgruppen identifiziert werden können. In Kapitel 2.2 wurden zunächst unterschiedliche Motive und Ziele der beteiligten Unternehmen von M&A-Transaktionen untersucht. Dabei wurde festgestellt, dass ein *merger of equals* in der Realität äußerst unwahrscheinlich ist, da sich, wenn auch anfangs nicht immer offensichtlich, zumindest langfristig die Existenz eines stärkeren sowie eines schwächeren Partners abzeichnet. Diese Feststellung führte in Kapitel 2.2 zu der Vermutung, dass sich die Ist-Bedenken der Anspruchsgruppen möglicherweise aus den Transaktionsmotiven der beteiligten Unternehmen ableiten lassen, wobei letztlich eine unternehmensspezifische Ausrichtung der Kommunikationspolitik sinnvoll erscheinen könnte. Aufgrund des mittlerweile umfangreicheren Erkenntnisstands in Bezug auf die Kommunikation bei M&A lässt sich diese Vermutung jedoch als nicht sinnvoll einstufen.

Betrachtet man die in Kapitel 2.4 untersuchten generellen Interessen und die daraus abgeleiteten Bedenken der Anspruchsgruppen näher, lässt sich feststellen, dass diese Bedenken nicht prinzipiell bestimmten Transaktionsmotiven oder -zielen zugeteilt werden, sondern vielmehr bei einem Großteil der Motive präsent sein können. Erstens wäre in der Praxis fraglich, ob aus beispielsweise marktstrategischen Gründen die exakten Motive der Transaktion überhaupt an alle Anspruchsgruppen kommuniziert würden. Zweitens lässt sich zum derzeitigen Stand der Forschung kein direkter wissenschaftlicher Zusammenhang zwischen den in Kapitel 2.4 identifizierten Bedenken und den in Kapitel 2.2 beschriebenen Motiven und Zielen nachweisen. Die identifizierten Bedenken sind dabei vielmehr generell auf das mögliche Risiko der Transaktion sowie auf mögliche Einsparmaßnahmen[181] zurückführen, woraus Unsicherheiten in Bezug auf einen möglicherweise sinkenden Unternehmenserfolg bei den Anteilseignern und Managern, mögliche Kündigungen bei Mitarbeitern oder Lieferanten sowie Kundenbedenken in Bezug auf Qualitätseinbußen entstehen können. Drittens kann angenommen werden, dass sich eine unternehmensspezifische Ausrichtung der Kommunikationspolitik als kontraproduktiv für die

---

[180] Vgl. Bruhn 2007, S. 174; vgl. Meffert 2000, S. 112.

[181] Beispielsweise einerseits durch das vom stärkeren Partner angestrebte Nutzen von Synergieeffekten oder andererseits aufgrund finanzieller Schwierigkeiten des schwächeren Partners.

Förderung der Integration, der zukünftigen partnerschaftlichen Zusammenarbeit sowie das Schaffen eines Wir-Gefühls erweisen könnte. Unterschiedliche Kommunikationszielsetzungen, unterschiedliche Kommunikationsbotschaften sowie der differenzierte Einsatz von Kommunikationsmaßnahmen könnten dabei vielmehr ein Wir-Sie-Gefühl erzeugen.[182]

Nach den bisherigen Ausarbeitungen erscheint es somit sinnvoll, für die Ermittlung der Ist-Situation zunächst von allen in Kapitel 2.4 festgestellten Bedenken der Anspruchsgruppen beider beteiligter Unternehmen auszugehen und diese dann durch den Einsatz von Instrumenten, die in Kapitel 4.5.2 als geeignet für die Durchführung einer Situationsanalyse identifiziert wurden, zu verifizieren. Werden im Rahmen dieser Verifizierung dennoch unterschiedliche, unternehmensabhängige Bedenken bei den Anspruchsgruppen ermittelt, lassen sich diese individuell und zielgruppenspezifisch durch die Verwendung von dialogorientierten Kommunikationsmaßnahmen ansprechen, ohne dabei die gesamte Kommunikationspolitik unternehmensspezifisch ausrichten zu müssen.[183]

Die Ist-Bedenken aus Sicht der Anspruchsgruppen wurden in Kapitel 2.4 bereits untersucht und lassen sich nun in das Kommunikationsmodell übertragen.[184] Nachdem grundsätzlich von der Existenz aller untersuchten Ist-Bedenken ausgegangen wird, kann nun durch die Anwendung von situationsanalytischen Instrumenten eine Verifizierung der Bedenken der Anspruchsgruppen von beiden beteiligten Unternehmen vorgenommen werden. Hierfür eignen sich einerseits Befragungen, die Aufschluss über die individuellen Bedenken der Anspruchsgruppen geben können. Befragungen werden von Bruhn als Marktforschungsinstrument beschrieben und bilden einen festen Bestandteil der Situationsanalyse.[185] Dabei können Befragungen beispielsweise in Form von Interviews, Fragebögen oder auch online durchgeführt werden.[186] Aus den Erkenntnissen dieser Arbeit lässt sich auch schließen, dass Expertenmeinungen, wie beispielsweise des M&A-Beraters, bei der Ermittlung der Ist-Situation unterstützend herangezogen werden können. Anderseits bilden nach Diesing auch Medienanalysen einen wichtigen Baustein der Situationsanalyse.[187] Erge-

---

[182] Eine generelle Ausnahme bilden selbstverständlich Akquisitionen, bei denen von vornherein beabsichtigt ist, langfristig beide Unternehmen weitestgehend autonom zu führen.

[183] Geeignete dialogorientierte Kommunikationsmaßnahmen werden in Kapitel 5.2.6 beschrieben.

[184] Siehe Anhang 8.4 und 8.5.

[185] Vgl. Bruhn 2007, S. 127.

[186] Vgl. Bruhn 2007, S. 133.

[187] Vgl. Diesing 2012.

ben die Befragungen und Medienanalysen nun, dass einige Bedenken nicht existent sind, brauchen diese nicht weiter beachtet werden. Stellt man hingegen fest, dass zusätzliche Bedenken existieren, können diese in die Ist-Situation aufgenommen werden.

Neben der Verifizierung der Ist-Bedenken ist im Rahmen der Situationsanalyse zudem die Corporate Identity der beteiligten Unternehmen zu erfassen. Hierzu sollten die Ergebnisse der Cultural Due Diligence herangezogen werden. Die Aufnahme der kulturellen Ist-Situation bildet dabei die Grundlage für die Bestimmung der zukünftigen Corporate Identity, die nach Salecker in drei verschiedenen Varianten umgesetzt werden kann: Beide Unternehmen bleiben weitgehend autonom, wobei ein Kulturpluralismus entsteht, beide Corporate Identities werden kombiniert, wobei eine neue Kultur entsteht oder eine Unternehmensidentität wird durchgesetzt.[188]

5.2.3 Zielgruppenorientierte Kommunikationszielplanung

Aus den im Rahmen der Situationsanalyse verifizierten Ist-Bedenken können nun spezifische, zielgruppenorientierte Ziele abgeleitet werden, die mit der Kommunikationskampagne erreicht werden sollen. Eine Zielgruppenorientierung der Zielsetzung bringt dabei zwei wesentliche Vorteile mit sich: Meffert schreibt einerseits, dass hierdurch eine effizientere Planung ermöglicht wird.[189] Bruhn sieht andererseits unter Einbezug der in Kapitel 4.2 beschriebenen psychologischen Grundlagen der Kommunikationspolitik bei einer zielgruppenorientierten Kommunikationszielplanung die Möglichkeit, die Maßnahmen spezifischer auf die Ansprüche und Verhaltensmuster der zuvor festgelegten Adressaten ausrichten zu können, sodass sich die gewünschte Wirkung der Botschaft verstärken lässt.[190] Aufgrund dieser zielgruppenspezifischen Ausrichtung der Kommunikationsziele wird diese Phase im Kommunikationsmodell als *zielgruppenorientierte Kommunikationszielplanung* bezeichnet.

Die Ableitung von spezifischen Kommunikationszielen aus den identifizierten Ist-Bedenken bildet dabei die erste Ebene des Handlungsablaufs, in dem sich aus jedem verifizierten Ist-Bedenken bestimmte Zielsetzungen, geeignete Maßnahmen sowie passende Kontrollinstrumente für die Messung des Zielerreichungsgrades ableiten lassen. Einerseits können diese Verbindungen, die einen Handlungsleitfaden für die Planung, Durchführung und Kontrolle der Kommunikationspolitik darstel-

---

[188] Vgl. Salecker 1995, S. 236.

[189] Vgl. Meffert 2000, S. 112.

[190] Vgl. Bruhn 2007, S. 174.

len, logisch hergeleitet werden. Andererseits existieren in der Wissenschaft bereits Ansätze, die eine Anordnung dieser Handlungsabläufe auf Basis phasenspezifischer, charakteristischer Merkmale ermöglichen. Einen Ansatz hierfür liefert Bruhn, der die Kommunikationspolitik in die übergeordneten Merkmale der Unternehmens-, Marketing- sowie Dialogkommunikation unterteilt. Während durch die Unternehmenskommunikation ein einheitliches Erscheinungsbild erreicht werden soll, dient die Marketingkommunikation dem Zweck der Verkaufsförderung und die Dialogkommunikation soll den Austausch mit den Anspruchsgruppen sicherstellen. Bruhn teilt dabei diesen Merkmalen bestimmte Ziele, Adressaten und Kommunikationsmaßnahmen zu.[191] Bei der Betrachtung der angenommenen Ist-Bedenken wird deutlich, dass das Kommunikationsmodell dieser Arbeit letztlich alle der drei von Bruhn genannten Merkmale beinhaltet. Der Ansatz von Bruhn wurde daher unterstützend bei der Verbindung der Ist-Bedenken mit den Zielsetzungen, den Kommunikationsmaßnahmen sowie den Kontrollinstrumenten herangezogen und bildet somit eine Grundlage für die Erstellung der Handlungsabläufe.[192]

Im folgenden Abschnitt werden nun aus den im Rahmen der Situationsanalyse identifizierten Ist-Bedenken bestimmte Kommunikationsziele abgeleitet und zusätzlich durch entsprechende Literaturquellen belegt:

- Anteilseigner – *Steigerung des Unternehmenserfolgs* und *beständige Wachstumsgeschwindigkeit*: Neben der Steigerung des Unternehmenserfolgs kann den Anteilseignern auch das Interesse an einer beständigen Wachstumsgeschwindigkeit des investierten Kapitals zugeschrieben werden. Diese beiden Zielsetzungen können dabei als den anderen Zielen übergeordnet betrachtet werden. Denn sämtliche folgend genannten Ziele können letztlich den Unternehmenserfolg und die Wachstumsgeschwindigkeit beeinflussen. Aus diesem Grund sind im Anhang 8.5 die Steigerung des Unternehmenserfolgs sowie die Wachstumsgeschwindigkeit als übergeordnete Zielsetzungen abgebildet. *Schaffen von Sicherheit/Klarheit in Bezug auf Entwicklungen*: Da die Mehrheit der Anteilseigner gerade bei Aktiengesellschaften eine räumliche Distanz zum Unternehmen besitzt, sind diese in regelmäßigen Abständen über Entwicklun-

---

[191] Vgl. Bruhn 2007, S. 347.

[192] Eine Abbildung des Ansatzes von Bruhn befindet sich im Anhang 8.3 und kann unterstützend für das Nachvollziehen der im Anhang 8.5 abgebildeten Handlungsempfehlungen des entwickelten Kommunikationsmodells herangezogen werden.

gen zu informieren. Beispielsweise wird den Anteilseignern durch die Kommunikation von zukünftigen Strategien die Interpretation von Risiken ermöglicht.[193]

- Management – *Steigerung des Unternehmenserfolgs*: Die Steigerung des Unternehmenserfolgs ist ein Faktor, der bei den meisten Managern die Zunahme des variablen Lohnanteils sicherstellt und ist dabei ebenso wie die gleichlautende Zielsetzung der Anteilseigner den anderen Zielen übergeordnet. *Konsensfindung und Einhaltung von Vereinbarungen*: Salecker schreibt in diesem Zusammenhang von der Notwendigkeit, die wechselseitig erhobenen Geltungsansprüche des beteiligten Managements in Einklang zu bringen sowie vertragliche Vereinbarungen einzuhalten.[194] Nur so ist sichergestellt, dass Erwartungen erfüllt und Konflikte zwischen den involvierten Partnern vermieden werden. *Gewinnung der Unterstützung der Anteilseigner*: Das Management ist letztlich auf die Unterstützung und auf das Vertrauen der Anteilseigner angewiesen. Ein regelmäßiger Dialog soll Spannungen reduzieren und das Erkennen wechselseitiger Bedürfnisse ermöglichen. Das Gewinnen des Vertrauens der Anteilseigner kann zudem die gewünschte Autonomie des Managements fördern, was zu einem höheren Ausmaß an Selbständigkeit sowie einer größeren Entscheidungsfreiheit führen kann.

- Mitarbeiter – *Auflösen von Unsicherheiten durch Transparenz*: Den Mitarbeitern muss nach Salecker schnellstmöglich mitgeteilt werden, in welchen sensiblen Bereichen keine Veränderungen erfolgen. Diese sensiblen Bereiche umfassen beispielsweise Gehalts- und Pensionszahlungen sowie Entscheidungsstrukturen.[195] Dabei sollten nach Snow vorzunehmende Kündigungen schnellstmöglich nach Bekanntgabe der Transaktion ausgesprochen werden. Dies sei zwar eine der schwierigsten Aufgaben der Personalabteilung während der Integrationsphase, doch ein notwendiger Schritt zur Auflösung von Unsicherheiten.[196] Ebenfalls kann empfohlen werden, die Mitarbeiter frühzeitig über die zukünftige Ausgestaltung ihres Aufgabenbereichs zu informieren. *Förderung von Motivation und Engagement*: Grün stellt zudem fest, dass die Mitarbeiter die Umsetzungsqualität der Kommunikationsmaßnahmen, wie beispielsweise das Konfliktmanagement oder die Kundenkommunikation, maßgeblich beeinflussen.[197]

---

[193] Vgl. Salecker 1995, S. 191.

[194] Vgl. Salecker 1995, S. 158.

[195] Vgl. Salecker 1995, S. 172.

[196] Vgl. Snow 2011, S. 266.

[197] Vgl. Grün 2010, S. 183.

Motivierte und engagierte Mitarbeiter sind daher grundlegend für die Maximierung des Erfolgs der Kommunikationskampagne. Weiterhin sollte den Mitarbeitern der Vorteil von neuen Arbeitsverfahren und Regeln vermittelt werden, um eine größtmögliche Unterstützung sicherzustellen.[198] Snow hält es zudem für wichtig, alle Mitarbeiter dazu zu bewegen, die neuen Ziele zu verfolgen, an neuen Plänen mitzuarbeiten und dieselbe Motivation zu erlangen wie das neue Management.[199] *Förderung der Loyalität*: Grün schreibt weiterhin von der Bedeutung der Mitarbeiterloyalität, die sich nicht nur positiv auf den organisatorischen Zusammenhalt, sondern auch auf das erfolgreiche Halten von Bestandskunden auswirkt.[200] *Schaffen von Akzeptanz gegenüber externen Technologien* und *Erhalt von Arbeitsgruppen/Bildung von effizienten Arbeitsgruppen*: Neue Technologien sollten akzeptiert und die Auflösung von effizienten Arbeitsgruppen vermieden werden.[201]

- Fremdkapitalgeber – *Schaffen von Sicherheit/Klarheit in Bezug auf Entwicklungen*: Ebenso wie die Anteilseigner sollten auch die Fremdkapitalgeber in regelmäßigen Abständen über die finanzielle Unternehmensentwicklung sowie Zukunftsprognosen informiert werden, um ihnen das Einschätzen von Risiken sowie zukünftigen Vermögensentwicklungen zu ermöglichen.[202] Im besten Fall sollten die Fremdkapitalgeber dabei selbstverständlich von der Vorteilhaftigkeit der Transaktion überzeugt werden. *Sicherung des Einflusses auf das Management*: Auch in Bezug auf die Bedenken, dass die Fremdkapitalgeber nach der Transaktion einen abnehmenden Einfluss auf das Management haben könnten, sind regelmäßige Dialoge mit den Fremdkapitalgebern zu empfehlen.

- Lieferanten – *Schaffen von Sicherheit/Klarheit in Bezug auf zukünftige Liefermöglichkeiten*: Salecker schreibt in diesem Zusammenhang von der notwendigen Kommunikation des zukünftigen Abnahmevolumens.[203] *Schaffen von Sicherheit/Klarheit in Bezug auf zukünftige Konditionen* und *Sicherung des Vertrauens in die Zahlungsfähigkeit des Abnehmers*: Diese Zielsetzung dient letztlich der Kommunikation von sich ändernden Konditionen und soll Unsicherheiten vorbeugen. Gerade in Bezug auf die Risiken einer Transaktion sollte zu-

---

[198] Vgl. Snow 2011, S. 274.

[199] Vgl. Snow 2011, S. 269.

[200] Vgl. Grün 2010, S. 183.

[201] In Anlehnung an Oehlrich 1999, S. 22 und S. 78.

[202] Vgl. Salecker 1995, S. 191.

[203] Vgl. Salecker 1995, S. 191.

dem das Vertrauen in die dauerhafte Zahlungsfähigkeit des Unternehmens gewonnen werden.[204]

- Kunden – *Entgegenwirken von Unsicherheiten in Bezug auf Produkte, Preise, Qualität und Versorgungsqualität*: Über das zukünftige Sortiment, Lieferbedingungen und Konditionen sowie möglicherweise neue Ansprechpartner haben die Kunden selbstverständlich einen Informationsanspruch.[205] Die Ziele *Aufrechterhaltung/Verbesserung/Wandlung des Images*, das *Entgegenwirken von Unsicherheiten in Bezug auf zukünftige Produktentwicklungen* sowie das *Schaffen von Klarheit in Bezug auf die Gültigkeit bestehender Verträge und Absprachen* ergeben sich dabei aus den identifizierten Ist-Bedenken. Nach Grün ist generell sicherzustellen, dass Bestandskunden gehalten werden und der Wert des Kundenportfolios aufgrund der Transaktion nicht abnimmt.[206] Snow mahnt in diesem Zusammenhang: „Remember where your money comes from: your customers"[207].

- Staat und Gesellschaft – *Generieren einer positiven gesellschaftlichen Einstellung*: Beispielsweise über die Medien sind der Staat und die Gesellschaft über laufende Ereignisse zu informieren.[208] Hierzu zählen unter anderem der Unternehmenserfolg, die Entwicklungsmöglichkeiten für Mitarbeiter und eine eventuelle Beteiligung an sozialen Projekten. Letztlich sollte der Versuch erfolgen, eine positive gesellschaftliche Stimmung zu erzeugen, um eine maximale Unterstützung der Öffentlichkeit zu erhalten. *Unterstützungsgewinnung von Politikern*: Ein direkter Dialog mit Politikern kann förderlich sein, um die politische Stimmung in Bezug auf das Unternehmen festzustellen und Handlungsempfehlungen zu erhalten. Weiterhin dienen Politiker als wichtiger Multiplikator in ihrer Position als Meinungsführer.[209] *Unterstützungsgewinnung von Organisationsvertretern*: Der öffentliche Dialog sollte dabei selbstverständlich nicht nur mit Adressaten in der Politik, sondern auch mit Vertretern von meinungsbildenden Institutionen und Gewerkschaften erfolgen.

---

[204] Vgl. Salecker 1995, S. 191.

[205] Vgl. Salecker 1995, S. 191.

[206] Vgl. Grün 2010, S. 20.

[207] Snow 2011, S. 277.

[208] Vgl. Salecker 1995, S. 191.

[209] Vgl. Beutelmeyer 2011. Siehe Kapitel 4.3.1 für eine Erklärung der Bedeutung von Meinungsführern.

5.2.4 Feinselektion der Zielgruppen

Nachdem sowohl die Ist-Situation als auch die Zielsetzung zielgruppenorientiert bestimmt wurden, kann nun innerhalb der ausgewählten Zielgruppen eine Feinselektion von Untergruppierungen oder Schlüsselpersonen erfolgen, denen aufgrund ihres hohen Einflusses oder Interesses eine besondere Wichtigkeit zugeschrieben werden kann. Beispielsweise wird nach Grün durch eine Feinselektion innerhalb der Anspruchsgruppe der Kunden das Identifizieren von Key Accounts ermöglicht.[210] Salecker schreibt dabei von der notwendigen Identifizierung der Machtbasen innerhalb der Anspruchsgruppen. Dabei soll aufgezeigt werden, welche Personen den Erfolg einer M&A-Transaktion erheblich gefährden bzw. möglicherweise vollständig verhindern können und daher eine besondere Beachtung im Rahmen der Kommunikationspolitik erfordern.[211] Auch die Selektion von Meinungsführern, die einen stärkeren Einfluss auf übrige Gruppenmitglieder ausüben können als andere, kann im Rahmen der Feinselektion der Zielgruppen erfolgen. Wie in Kapitel 4.5.4 beschrieben, ermöglichen Matrix- und ABC-Analysen die praktische Umsetzung der Feinselektion.

5.2.5 Festlegung der Kommunikationsstrategie

Die Grundlage für die Festlegung der Kommunikationsstrategie bildet zunächst die zukünftige Corporate Identity. Denn während das Kommunikationsmodell letztlich als Bestandteil der Corporate Communication bezeichnet werden kann, muss die Kommunikationsbotschaft, das Timing sowie das Areal auf die neue Corporate Culture sowie das Corporate Design ausgerichtet sein und die Formung des zukünftig gewünschten Corporate Behaviors unterstützen.[212] Nachdem im Rahmen des Due Diligence Prozesses innerhalb der Merger-Phase die Ist-Identitäten der beteiligten Unternehmen festgestellt wurden, lässt sich nun die im Zuge der Strategieentwicklung neu definierte Soll-Identität in Form des beispielsweise zu verwendenden Wordings und der optischen Gestaltung in die Kommunikationsstrategie integrieren. Wird die Strategie des Kulturpluralismus verfolgt, in dem beide Unternehmen eine weitestgehend autonome Corporate Identity besitzen, ist dies bei der Ausgestaltung der Kommunikationsmaßnahmen entsprechend zu berücksichtigen. Im individuellen Fall lässt sich dabei bestimmen, bis zu welchem Grad die Anspruchsgruppen beider beteiligten Unternehmen gemeinsam oder differenziert angesprochen werden sol-

---

[210] Vgl. Grün 2010, S. 145.

[211] Vgl. Salecker 1995, S. 134 – 135.

[212] Siehe Kapitel 4.4 - Identitätsorientierung der Kommunikationspolitik.

len. Die Kommunikationsstrategie kann hingegen nach Bruhn lediglich eine allgemeine Stoßrichtung darstellen, die einen Handlungsrahmen für die individuelle Maßnahmenplanung bildet oder aber nach Salecker spezifisch auf die Anspruchsgruppen ausgerichtet werden.[213]

Neben der Ausgestaltung der Botschaften sind zudem das Timing und das Areal zu beachten. In Bezug auf das Timing sollte nach Snow neben den Mitarbeitern auch die Presse schnellstmöglich informiert werden, sobald eine Transaktion durchgeführt wurde. Hierdurch sollen das Entstehen von Gerüchten und die Verbreitung von Fehlinformationen vermieden werden.[214] Während das Kommunikationsareal im direkten Zusammenhang zu den geographischen Standorten des Unternehmens sowie dessen Anspruchsgruppen steht, muss beim Timing der Kommunikation zusätzlich die notwendige Kommunikationsintensität beachtet werden. Salecker ist beispielsweise der Ansicht, dass die Kommunikationsstrategie dem Grad der Freundlichkeit der Akquise sowie dem angestrebten Grad der Integration anzupassen ist, wobei der Kommunikationsbedarf mit einem zunehmenden Integrationsgrad steigt.[215]

5.2.6 Einsatz von Kommunikationsmaßnahmen

Nachdem einige klassische Kommunikationsmaßnahmen bereits in Kapitel 4.5.6 aufgelistet wurden, erfolgt in diesem Abschnitt eine Untersuchung von spezifischen Maßnahmen, die sich besonders für die Anwendung bei M&A-Transaktionen eignen. Beim Betrachten der folgend untersuchten Maßnahmen wird deutlich, dass sich diese in ihrer Eignung für das Erreichen der in Kapitel 5.2.3 festgelegten Kommunikationsziele unterscheiden. Aus diesem Grund wurden den einzelnen Zielsetzungen bestimmte Maßnahmen zugeteilt, die das Erreichen des jeweiligen Ziels bestmöglich gewährleisten sollen. Die Darstellung der Verbindungen befindet sich dabei wie zuvor erwähnt im Rahmen der abgebildeten Handlungsabläufe im Anhang 8.5. Diese Zuteilung beruht, wie auch die Zuordnung der Zielsetzungen zu den jeweiligen Ist-Bedenken, zum einen auf einer logischen Konsequenz und zum anderen auf dem Ansatz nach Bruhn, der Empfehlungen für den Einsatz von bestimmten Maßnahmen in Abhängigkeit zu den Zielen der Kommunikationspolitik in seinem vorherig beschriebenen Modell abbildet.[216]

---

[213] Vgl. Bruhn 2007, S. 226; vgl. Salecker 195, S. 191.

[214] Vgl. Snow 2011, S. 253.

[215] Vgl. Salecker 1995, S. 19 – 22.

[216] Vgl. Bruhn 2007, S. 347. Siehe auch Anhang 8.3 – Handlungsempfehlung nach Bruhn.

- *Sponsoring*: Bruhn beschreibt, dass sich die Teilnehmer und Zuschauer von Veranstaltungen mittels Sponsoring hervorragend mit den Kommunikationsabsichten von Unternehmen konfrontieren lassen.[217] Botschaften können öffentlich platziert und zahlreiche Anspruchsgruppen adressiert werden.

- *Klassische Media- und TV-Werbung sowie Multimediakommunikation*: Nach Meffert umfasst die klassische Werbung das Buchen von Anzeigen in Zeitungen und Zeitschriften sowie im Fernsehen, Kino und Hörfunk sowie auf Plakatflächen.[218] Die klassischen Werbeinstrumente können dabei selbstverständlich auf den Bereich der Multimediawerbung erweitert werden, wobei die Online-Werbung gerade aufgrund des zunehmenden Booms von Social Media Plattformen stetig an Bedeutung gewinnt.[219]

- *Pressekonferenzen*, *Pressemitteilungen*, *Geschäftsberichte*, *Fachvorträge* und *Publikationen*: Diese Maßnahmen zählen zum klassischen Bereich der PR und verfolgen die Zielsetzung der Meinungsbeeinflussung sowie der Gestaltung eines bestimmten Images in der Öffentlichkeit.[220] Der Vorteil dieser Maßnahmen liegt in der Möglichkeit, viele Journalisten in ihrer Rolle als Multiplikatoren ansprechen zu können. Dabei kann den Medien ein maßgeblicher meinungsbildender Einfluss auf die Gesellschaft zugeschrieben werden.

- *Zwischenbericht*: Auch Mitarbeiterbroschüren, Rundschreiben oder Flugblätter eignen sich für die Kommunikation des Transaktions- und Integrationsfortschritts.[221]

- *Merger Newsletter*: Salecker beschreibt einen Merger Newsletter als ein in regelmäßigen Abständen versendetes Informationsmedium, mit dem Mitarbeiter über den aktuellen Verlauf der Transaktion sowie den sich daraus ergebenden Konsequenzen informiert werden können.[222] Während Salecker lediglich die Mitarbeiter als Adressaten nennt, ist eine Erweiterung auf andere Anspruchsgruppen selbstverständlich denkbar.

---

[217] Vgl. Bruhn 2012.

[218] Vgl. Meffert 2000, S. 714.

[219] Vgl. Eugster 2011.

[220] Vgl. Reisewitz 2012.

[221] Vgl. Salecker 1995, S. 194.

[222] Vgl. Salecker 1995, S. 187.

- *Dialogmarketing:* Nach Grün hat das Dialogmarketing die Aufgabe, einen „Dialog mit den Kunden über die relevanten Sach- und Beziehungsaspekte der M&A-Transaktion"[223] sicherzustellen. Auch das Dialogmarketing muss sich dabei nicht auf die Kunden als klassische Adressaten beschränken, sondern lässt sich ebenfalls bei anderen Personengruppen anwenden.

- *Merger Hotline:* Eine Merger Hotline kann prinzipiell als Erweiterung eines Merger Newsletters betrachtet werden. Den Anspruchsgruppen wird dabei die Möglichkeit geboten, sich bei einem Ansprechpartner, z. B. innerhalb der M&A-Abteilung, über den aktuellen Verlauf der Transaktion zu informieren.[224]

- *Beschwerde- und Konfliktmanagement:* Diese Maßnahme verfolgt das Ziel, bei den an der Transaktion beteiligten Unternehmen eine höhere Aufmerksamkeit für Beschwerden zu generieren, die letztlich auf die Transaktion zurückzuführen sind. Dabei bildet diese Maßnahme die Grundlage für eine Reaktionsmöglichkeit auf Reklamations- und Konfliktschwerpunkte.

- *Events:* Nach Esch haben Informationsevents die Aufgabe, im Rahmen von unterhaltenden Ereignissen eine erlebnisorientierte Kommunikation zu schaffen.[225] Dabei bieten Events eine hervorragende Möglichkeit zur Interaktion mit den Anspruchsgruppen des Unternehmens, wobei eine Darstellung von Produkten, Dienstleistungen oder des Unternehmens erfolgen kann.[226] Nach Scholz fördern Events zudem die Teambildung, wodurch das Schaffen eines Wir-Gefühls unter den Mitarbeitern der beteiligten Unternehmen unterstützt wird.[227]

- *Trainings:* Schraeder und Self schreiben, dass Trainings einerseits helfen, zwei unterschiedliche Unternehmenskulturen zusammenzuführen und andererseits eine optimale Möglichkeit bieten, neu zu vermittelnde Werte beim Personal zu verankern.[228]

---

[223] Grün 2010, S. 116.

[224] Vgl. Salecker 1995, S. 187.

[225] Vgl. Esch 2012a.

[226] Vgl. Esch 2012b.

[227] Vgl. Scholz 2010.

[228] Vgl. Schraeder/Self 2004, S. 511 – 522.

- *Nicht-Öffentliche Konferenzen und Versammlungen*: Salecker sieht regelmäßige Konferenzen zwischen dem beteiligten Management als entscheidend für die Ausarbeitung und den Erhalt von Unternehmensgrundsätzen in allen kritischen Phasen von Transaktionen.[229] Auch Versammlungen können als geeignet für die Übermittlung von transaktionsspezifischen Informationen an die Anspruchsruppen gesehen werden.

- *Persönliche Gespräche*: Während beim klassischen Dialogmarketing der Kontakt zur Anspruchsgruppe meist telefonisch, schriftlich oder postalisch erfolgt, stellen persönliche Gespräche eine noch intensivere Form der dialogorientierten Kommunikation dar.[230] Dabei kann dem persönlichen Kontakt gerade bei M&A-Transaktionen eine besondere Bedeutung zugemessen werden, da sich die zu kommunizierenden Botschaften individuell auf die Vielzahl an existierenden Bedenken, Unsicherheiten und Erwartungen der Gesprächspartner abstimmen lassen. Nach Grün sorgt der persönliche Kontakt letztlich dafür, dass individuelle Integrationslösungen gefunden werden können.[231]

Bei der Betrachtung der untersuchten Kommunikationsmaßnahmen wird deutlich, dass sich einige Maßnahmen für eine dialogorientierte Kommunikation, bei denen eine direkte Rückmeldung des Empfängers an den Sender erfolgen kann, besonders eignen.[232] Der Vorteil dieser Maßnahmen liegt einerseits darin, dass sich die Botschaften individuell an die Ansprüche des Empfängers anpassen lassen. Zwar wurde in Kapitel 5.2.2 bereits beschrieben, dass zugunsten der proaktiven Integration und der Erzeugung eines Wir-Gefühls auf eine unternehmensspezifische, separate Ansprache der Anspruchsgruppen verzichtet werden sollte. Doch eignen sich die dialogorientierten Kommunikationsmaßnahmen hervorragend für das Eingehen auf unternehmensabhängige Bedenken der jeweiligen Anspruchsgruppen, die im Rahmen der Situationsanalyse verifiziert wurden. Andererseits lässt sich bei der Anwendung einer dialogorientierten Kommunikation die Einstellung des Empfängers zur gesendeten Botschaft kurzfristig feststellen, wobei einem möglichen Dissens durch den Einsatz von Techniken wie der Partizipationstheorie entgegengewirkt werden kann, indem in gemeinsamer Zusammenarbeit ein Konsens entwickelt wird.

---

[229] Vgl. Salecker 1995, S. 293.

[230] Vgl. Schneidereit 2009.

[231] Vgl. Grün 2010, S. 50.

[232] Geeignet für die dialogorientierte Kommunikation sind vor allem die folgenden Maßnahmen: Dialogmarketing, Merger Hotline, Beschwerde- & Konfliktmanagement, Events, Trainings, Nicht-Öffentliche Konferenzen & Versammlungen sowie persönliche Gespräche.

Beispielsweise beschreibt Kirchgeorg das klassische Dialogmarketing als Marketingstrategie, bei der ein Anbieter mit den entsprechenden Zielgruppen einen Dialog eingeht, um dabei Anregungen für beispielsweise die Produktpolitik zu nutzen.[233] Dabei lässt sich die in Kapitel 4.3.3 beschriebene Partizipationstheorie auch ohne das Existieren eines Dissens anwenden, wodurch dennoch der Konsens verstärkt werden kann. Nach Grün führt das partizipative Einbinden der Mitarbeiter in Entscheidungen der Unternehmensführung beispielsweise zu einem höheren Engagement, wodurch letztlich auch die Qualität der Kommunikation mit anderen Anspruchsgruppen, wie den Kunden, gesteigert wird.[234]

Letztlich sind innerhalb der Maßnahmenplanung die selektierten Kommunikationsmaßnahmen im Handlungsrahmen der Kommunikationsstrategie auszugestalten. Beispielsweise können bei *Fachpublikationen* entsprechende Publikationsmedien selektiert werden oder bei *persönlichen Gesprächen* bestimmte Mitarbeiter ausgewählt werden, die sich besonders für die Entsendung zu Key Accounts eignen.

5.2.7 Erfolgskontrolle der Kommunikation

Um nun eine Auflistung an geeigneten Kontrollinstrumenten und -indikatoren zu erhalten, lassen sich die Erkenntnisse aus den Kapiteln 2.5, in dem Möglichkeiten zur Erfolgsmessung von M&A-Transaktionen beschrieben und 4.5.7, in dem die Erfolgsmessung der Kommunikationspolitik untersucht wurde, heranziehen. Während Grün die Erfolgskontrolle von M&A in die Kategorien *Integrationserfolg* sowie den übergeordneten *Unternehmenserfolg* einteilte, unterschied Bruhn im Rahmen seines Ansatzes über die Erfolgsmessung der Kommunikationspolitik zwischen der Methode der *Beobachtung* sowie der *Befragung*. Diese beiden Ansätze eignen sich dabei hervorragend für eine Kategorisierung der Kontrollinstrumente und -indikatoren, die folgend für die Erfolgsmessung der Kommunikationspolitik im Rahmen des Kommunikationsmodells empfohlen werden. Die zuvor beschriebenen Kontrollinstrumente und -indikatoren werden nun den genannten Kategorien zugeteilt:[235]

- Beobachtung und Unternehmenserfolg: *Finanzielle Kennzahlen, Wachstumsrate.*

---

[233] Vgl. Kirchgeorg 2012a.

[234] Vgl. Grün 2010, S. 86.

[235] Die Erklärungen der einzelnen Kontrollinstrumente und –Indikatoren befinden sich in den Kapiteln 2.5 sowie 4.5.7.

- Beobachtung und Integrationserfolg: *Marktanteil, Kundenneugewinnungsrate, Kundenabwanderungsrate, Kundenbindungsrate, Medienresonanzanalyse, InterBrand Studie, Einschaltquoten im TV, Internetzugriffe, Beschwerdestatistiken, Fluktuation von Mitarbeitern, Fluktuation von Lieferanten.*

- Befragung und Integrationserfolg: *Zufriedenheitsindices der Anteilseigner, des Managements, der Mitarbeiter, der FK-Geber, der Lieferanten, der Kunden, Meinungen von Politikern, Meinungen von Organisationsvertretern, Meinungen von Lobbyisten, Meinungen von Branchenexperten.*

Anhand der Erfolgskontrolle der Kommunikation soll schließlich ermittelt werden, inwieweit die identifizierten Ist-Bedenken der Anspruchsgruppen durch das Festlegen von Zielen und den Einsatz von Kommunikationsmaßnahmen mit einer positiven Wirkung angesprochen werden konnten. Es lässt sich somit beobachten, dass sich die Erfolgskontrolle auf die Zielsetzung und den Einsatz der Kommunikationsmaßnahmen bezieht. In logischer Konsequenz lassen sich den in Kapitel 5.2.3 definierten Kommunikationszielen bestimmte Kontrollinstrumente und –indikatoren zuteilen, die aber dennoch individuell auf die durchgeführten Kommunikationsmaßnahmen abzustimmen sind. Die Zuteilung der Kontrollinstrumente und -indikatoren zu den Kommunikationszielen ist dabei innerhalb der empfohlenen Handlungsabläufe im Anhang 8.5 abgebildet.

Im Rahmen der Erfolgskontrolle der Kommunikation ist jedoch die Problematik der Identifizierung des exakten Einflusses der Kommunikationsmaßnahmen auf den Zielerreichungsgrad zu beobachten. Diese in der Wissenschaft bekannte Herausforderung lässt sich auf wahrscheinliche Interdependenzen innerhalb der durchgeführten Kommunikationsmaßnahmen sowie mit anderen Maßnahmen des Marketingmix, wie beispielsweise der Produktpolitik, zurückführen.[236] Während sich aufgrund der Generalität des theoretischen Kommunikationsmodells die Verbindungen zwischen den identifizierten Ist-Bedenken, den Zielsetzungen, den Kommunikationsmaßnahmen sowie den Kontrollinstrumenten nur allgemeingültig abbilden lassen, kann in der Praxis das Heranziehen einer Balanced Scorecard als Lösungsansatz empfohlen werden. Durch eine BSC kann beispielsweise für jede Anspruchsgruppe ein situationsabhängiger, individueller Handlungsablauf erstellt werden, der sowohl die Ist-Bedenken, die Zielsetzungen, die Maßnahmen sowie die geeigneten Kontrollinstrumente abbildet und somit eine verbesserte Ursache-Wirkungs-Analyse

---

[236] Vgl. Stobbe 2007.

in Bezug auf den kommunikativen Zielerreichungsgrad bei der jeweiligen Anspruchsgruppe ermöglicht.

6 Fallbeispiel: Fusion zwischen Chrysler und Daimler-Benz

6.1 Unternehmenswahl und Vorgehensweise

Um das in den vorherigen Kapiteln entwickelte Kommunikationsmodell sowie die Bedeutung der Kommunikationspolitik bei M&A nach der empirischen sowie theoretischen Untersuchung auch praktisch zu veranschaulichen, wird folgend die mittlerweile gescheiterte Fusion zwischen der Chrysler Corporation und der Daimler-Benz AG aus dem Jahr 1998 als Beispiel herangezogen. Obwohl diese Fusion mit einer Transaktionssumme von etwa 36 Milliarden Euro bei weitem nicht zu den größten M&A in den vergangenen Jahrzehnten zählte[237], stelle sie sich im Nachhinein als eine der medienwirksamsten Transaktionen heraus. Dies führte letztlich dazu, diese Fusion als praktisches Beispiel im Rahmen dieser Arbeit zu verwenden, obwohl diese bereits mehrere Jahre zurückliegt. Denn erstens existieren aufgrund des hohen Medieninteresses zahlreiche hochwertige Literaturquellen, die eine Untersuchung der damaligen Kommunikationspolitik des Unternehmens ermöglichen. Zweitens lässt sich darauf aufbauend der Versuch unternehmen, mögliche kommunikationspolitische Gründe, die zum Scheitern der Transaktion beigetragen haben könnten, zu identifizieren. Die Zielgruppenorientierung des Kommunikationsmodells und der beschränkte Umfang dieser Arbeit lassen dabei lediglich die Darstellung der Handlungsabläufe am Beispiel einer Anspruchsgruppe zu. Die Entscheidung fällt dabei auf die Anspruchsgruppe der Kunden.

6.2 Anwendung des Kommunikationsmodells

6.2.1 Koordination der Kommunikation

Beim Heranziehen der Abbildung im Anhang 8.4 wird deutlich, dass der Planungsprozess zunächst mit der Bestimmung von Zuständigkeiten beginnt. Letztlich wird durch diese Bestimmung ein Personenkreis ermittelt, der die Koordination der Transaktion und die Planung der Kommunikationspolitik in Zusammenarbeit mit der Marketing- und Kommunikationsabteilung übernimmt. Dieser Personenkreis ist innerhalb der Daimler-Benz AG als *Schrempp's Küchenkabinett* bekannt geworden. Jürgen Schrempp, damaliger CEO der Daimler-Benz AG, bereitete die Transaktion zusammen mit lediglich einigen wenigen, dem Vorstand angehörenden Personen

---

[237] Vgl. Institute of Mergers, Acquisitions and Alliances (IMAA) 2012. Im Vergleich: Die Transaktionssumme bei der Fusion zwischen AOL und Time Warner (2000) betrug ca. 160 Mrd. Euro.

sowie Alexander Dibelius, einem Goldman-Sachs Investmentbanker, vor.[238] Die Verantwortung für kommunikationspolitische Aufgaben erhielt dabei Christoph Walther.[239] Bezogen auf das entwickelte Kommunikationsmodell wird deutlich, dass die Geschäftsleitung ein internes M&A-Team gründete und einen externen Berater sowie einen Verantwortlichen für die Kommunikationspolitik zu dem Transaktionsprozess hinzuzog.

Letztlich fällt auch die Bestimmung des Kommunikationsbudgets in den Bereich der Koordination. Auch wenn sich die Höhe des Kommunikationsbudgets von DaimlerChrysler nicht ermitteln lässt, ist bekannt, dass der Konzern in Sondersituationen ein Sonderbudget für das Reputationsmanagement vorschlägt, wobei davon ausgegangen werden kann, dass M&A eine solche Situation darstellen.[240]

6.2.2 Zielgruppenorientierte Situationsanalyse

Im Rahmen der Situationsanalyse kann nun zunächst von bestimmten Ist-Bedenken ausgegangen werden, die bei der Anspruchsgruppe der Kunden präsent sind. Folgt man den Empfehlungen des Kommunikationsmodells, sind dies Bedenken in Bezug auf die *Verschlechterung bei Qualität, Preis und Service*, eine *abnehmende Versorgungsqualität*, eine *Verschlechterung des Images, abnehmende Produktinnovationen* sowie *Verunsicherungen in Bezug auf die Gültigkeit und Einhaltung schriftlicher Verträge* und *mündlicher Absprachen*.[241]

Um nun den folgenden Planungsschritt, die Zielsetzung, auf die tatsächlich vorhandenen Ist-Bedenken ausrichten zu können, sind die aufgelisteten, möglichen Ist-Bedenken bei den Kunden beider beteiligten Unternehmen zu verifizieren. Hierzu eignen sich Befragungen sowie Medienanalysen. Um eine Verifizierung im Rahmen dieses praktischen Beispiels vornehmen zu können, werden einige Medienberichte herangezogen.[242] Strebel berichtet beispielsweise, dass Kunden der Daimler-Benz AG Mercedes-Modelle als hochwertige Fahrzeuge der jeweils höchsten Preiskategorie wahrnehmen, wobei Chrysler-Kunden vielmehr an kostensparenden Aspekten

---

[238] Vgl. Stertz/Vlasic 2000.

[239] Vgl. Stertz/Vlasic 2000.

[240] Vgl. Seemann 2008, S. 260.

[241] Siehe Anhang 8.5.

[242] Das Heranziehen von Medienberichten dient im Zuge dieser Arbeit zur Verifizierung der angenommenen Ist-Bedenken. In der Praxis ist die Durchführung der Situationsanalyse selbstverständlich gemäß dem entwickelten Kommunikationsmodell zu empfehlen.

sowie an extravagantem Design interessiert sind.[243] Das Time Magazine berichtet in diesem Zusammenhang weiterhin, dass Kunden der Daimler-Benz AG nach der Ankündigung der bevorstehenden Fusion Bedenken bezüglich des Markenimages äußerten, da sie durch die Verwendung von identischen Komponenten in sowohl Mercedes- als auch Chrysler-Fahrzeugen einen Wertverlust der eigenen Marke befürchteten.[244] Nachdem von Kunden der Chrysler Corporation Ist-Bedenken in Bezug auf mögliche Preissteigerungen sowie von Kunden der Daimler-Benz AG Ist-Bedenken bezüglich einer Verschlechterung der Qualität und des Images mittels Medienanalysen belegt werden konnten, verdeutlicht Grässlin durch das Zitieren eines Mercedes-Kunden zudem Ist-Bedenken in Bezug auf zukünftige Produktentwicklungen: „Statt eine technisch machbare Halbierung des Kraftstoffverbrauchs umzusetzen, wird die Pkw-Palette um Dinosaurier-Fahrzeuge von gestern erweitert"[245].

Neben der Verifizierung der angenommenen Bedenken sollte zudem eine Aufnahme der Ergebnisse der Cultural Due Diligence erfolgen, auf deren Grundlage die zukünftige Corporate Identity bestimmt werden kann. Über den Beispielfall ist bekannt, dass beide an der Fusion beteiligten Unternehmen im Vorfeld an der Identifizierung von kulturellen Unterschieden und Gemeinsamkeiten gearbeitet haben.[246] Die letztendliche Bestimmung der neuen Corporate Identity kann als ein grundsätzlicher Kulturpluralismus identifiziert werden, der dennoch im Rahmen eines gemeinsamen Identitätsgefühls umgesetzt wurde. „Ich will auf keinen Fall, dass ... die Leute sagen, es gibt nur eine Einheitskultur bei DaimlerChrysler. ... Am Ende aber weiß jeder, dass ... wir gemeinsame Werte teilen"[247], wird Jürgen Schrempp zitiert.

6.2.3 Zielgruppenorientierte Kommunikationszielplanung

Im Rahmen der beispielhaften Situationsanalyse wurden bei Kunden der Chrysler Corporation vor allem Bedenken in Bezug auf zukünftige Preisentwicklungen und bei Kunden der Daimler-Benz AG vorrangig Bedenken in Bezug auf die Entwicklung der Qualität, des Images sowie von Innovationen verifiziert. Wie in Kapitel 5.2.2 beschrieben, sollten die Ist-Bedenken der Anspruchsgruppen beider beteiligten Unternehmen zwar zunächst separat erfasst, daraufhin jedoch im Rahmen einer gemein-

---

[243] Vgl. Strebel 2002.

[244] Vgl. Time Magazine 2012.

[245] Grässlin 2007, S. 26.

[246] Vgl. Stadler 2004, S. 13.

[247] Hawranek/Steingart 2000.

samen Ansprache adressiert werden.[248] Bezogen auf das im Anhang 8.4 dargestellte Kommunikationsmodell lassen sich somit die Ist-Bedenken *I-KUN-1*, *I-KUN-3* und *I-KUN-4* verifizieren und auf Grundlage der Handlungsabläufe im Anhang 8.5 die Ziele *Z-KUN-1*, *Z-KUN-2* sowie *Z-KUN-3* ableiten. Wie ebenfalls der Übersicht im Anhang 8.5 zu entnehmen ist, handelt es sich bei diesen Abkürzungen um das *Entgegenwirken von Unsicherheiten in Bezug auf Produkte, Preise und Qualität*, die *Aufrechterhaltung/Verbesserung/Wandlung des Images* sowie dem *Entgegenwirken von Unsicherheiten in Bezug auf zukünftige Produktentwicklungen*.

6.2.4 Feinselektion der Zielgruppen

Im Rahmen dieser Phase des Planungsprozesses gilt es nun, eine Feinselektion der Anspruchsgruppe der Kunden vorzunehmen. Ziel ist dabei, Kunden mit einem hohen Einfluss sowie einem hohen Interesse in Bezug auf den Unternehmenserfolg zu identifizieren und diese mit besonderer Beachtung anzusprechen.

6.2.5 Festlegung der Kommunikationsstrategie

Die zuvor festgelegten Kommunikationsziele sind nun unter dem Dach einer gemeinsamen Kommunikationsstrategie bei den Kunden zu realisieren. Dabei besteht der Anspruch, sowohl die Preisbedenken bei Chrysler-Kunden als auch die Image-, Qualitäts- und Innovationsbedenken von Mercedes-Kunden in die Kommunikationsbotschaft zu integrieren. In diesem Zusammenhang lässt sich die folgende Erklärung der damaligen CEOs, Jürgen Schrempp und Robert Eaton, heranziehen: „Wir wollen auf den Gebieten der Kundenorientierung, Innovation, Technologie und Qualität die Besten sein"[249]. Diese Aussage kann dabei als eine Art Handlungsrahmen bzw. kommunikative Stoßrichtung für die durchgeführten Kommunikationsmaßnahmen betrachtet werden. In Reaktion auf die andauernden Qualitätsbedenken von Mercedes-Kunden kündigte der Konzern zu Beginn der 2000er Jahre zudem an, zukünftig keine Fahrzeugkomponenten von Chrysler für Mercedes-Fahrzeuge zu verwenden.[250] Da diese Botschaft ausschließlich die Kunden der Marke Mercedes ansprach, hätte die Kommunikation durch die Verwendung von dialogorientierten Maßnahmen empfohlen werden können.[251]

---

[248] Wobei Individualisierungen bei dialogorientierten Kommunikationsmaßnahmen möglich sind.

[249] Grässlin 2007, S. 73.

[250] Vgl. Time Magazine 2012.

[251] Welche Kommunikationsmaßnahmen tatsächlich eingesetzt wurden, lässt sich nicht feststellen.

Im Zuge der Festlegung der Kommunikationsstrategie ist zudem das Timing und das Areal zu bestimmen sowie die Corporate Identity einzubeziehen. Nach Knechtel beträgt die Post-Merger-Phase, in die auch die Aktivitäten der Kommunikationspolitik einzuordnen sind, etwa 12-18 Monate.[252] In Bezug auf das Areal gilt es, die Kommunikationspolitik auf die Standorte der Kunden auszurichten. Die Umsetzung der neuen Corporate Identity bei DaimlerChrysler wurde hingegen in Kapitel 6.2.2 bereits beschrieben.

6.2.6 Einsatz von Kommunikationsmaßnahmen

Nachdem aus den identifizierten Ist-Bedenken die Ziele *Z-KUN-1, Z-KUN-2* sowie *Z-KUN-3* abgeleitet werden konnten, lässt sich nun die im Anhang 8.5 dargestellte Empfehlung zur Selektion von Kommunikationsmaßnahmen heranziehen. Demnach können die folgenden Maßnahmen zur Realisierung der Kommunikationsziele empfohlen werden: *Sponsoring, klassische Media- und TV-Werbung sowie Multimediakommunikation, Pressekonferenzen und Pressemitteilungen, Fachvorträge und Publikationen, Dialogmarketing, Beschwerde- und Konfliktmanagement, Events* und *persönliche Gespräche.*

Am Beispiel der Maßnahmen *Pressekonferenzen und Pressemitteilungen* sowie *Events* folgen nun zwei Beispiele für die praktische Umsetzung von DaimlerChrysler: In Bezug auf die Unsicherheiten von Chrysler-Kunden hinsichtlich möglicherweise steigender Preise sowie die Bedenken von Mercedes-Kunden hinsichtlich einer möglichen Verschlechterung des Images sowie der Produktqualität lässt sich die folgende Aussage heranziehen, die auf einer DaimlerChrysler Pressekonferenz am 11.4.2001 getroffen wurde: „Mit unseren attraktiven Pkw- und Nutzfahrzeugmarken umspannen wir von der Volumen- bis zur Luxusmarke fast alle wichtigen Kundensegmente"[253]. Weiterhin wird versprochen, dass das Unternehmen ein „starkes Markenportfolio"[254] sowie die „Technologie- und Innovationsführerschaft"[255] anstrebt. Darüber hinaus führte DaimlerChrysler regelmäßige Roadshows durch, um die Anspruchsgruppen über die Konsequenzen der Transaktion zu informieren.[256] Diese Maßnahmen zeigen, dass der Konzern zumindest teilweise die Ist-Bedenken der Kunden erkannt und mindestens in Form dieser zwei Beispiele reagiert hat.

---

[252] Vgl. Knechtel 2012.

[253] DaimlerChrysler AG 2001.

[254] DaimlerChrysler AG 2001.

[255] DaimlerChrysler AG 2001.

[256] Vgl. DaimlerChrysler AG 1998. Roadshows lassen sich letztlich als Informationsevents bezeichnen.

6.2.7 Erfolgskontrolle der Kommunikation

Wird nun der im Anhang 8.5 dargestellte Handlungsablauf erneut herangezogen, lassen sich aus den definierten Zielen eine Reihe von Kontrollinstrumenten und -indikatoren ableiten, die den Erfolg der Kommunikationspolitik messen sollen. Hierfür eignen sich der *Marktanteil*, die *Kundenneugewinnungs-, -abwanderungs-* und *-bindungsrate*, die Ergebnisse einer *Medienresonanzanalyse*, das Markenranking in der *InterBrand Studie*, die *Einschaltquoten von TV-Spots*, die Anzahl der *Internetzugriffe*, die Auswertung von *Beschwerdestatistiken* und der *Zufriedenheitsindex der Kunden*. Schließlich kann aufgrund des fehlenden Zugangs zu internen Unternehmensinformationen von DaimlerChrysler keine präzise Aussage über den tatsächlichen Erfolg der Kommunikationskampagne getroffen werden. Doch letztlich sollte dieses Beispiel lediglich die Signifikanz der Kommunikationspolitik bei M&A-Transaktionen in der Praxis verdeutlichen. Die im Rahmen der Situationsanalyse festgestellten Ist-Bedenken der Kunden der Chrysler Corporation sowie der Daimler-Benz AG zeigten dabei den kommunikativen Handlungsbedarf. Denn auch die Kunden besitzen ein hohes Sanktionspotential, das im Fall der Unzufriedenheit in Bezug auf das Unternehmen, die Produkte oder die Marke zu einer Abwanderung zur Konkurrenz führen kann.

Die folgend beschriebene Beobachtung verdeutlicht jedoch auch, dass eine offene und transparente Kommunikation erfolgen sollte, die stets mit der übergeordneten Unternehmensstrategie übereinstimmen muss. In den Jahren nach der Fusion konnte in diesem Zusammenhang eine drastische Zunahme der Rückrufaktionen von Mercedes-Fahrzeugen beobachtet werden, was belegt, dass die kommunizierten Qualitätsversprechen an die Kunden der Daimler-Benz AG letztendlich nicht eingehalten werden konnten. Bis zum Jahr 2005 stieg die Anzahl der seit dem Merger von Rückrufaktionen betroffenen Fahrzeuge des Konzerns auf mehrere Millionen Einheiten.[257] Der daraus resultierende Imageschaden sowie der Verlust an Glaubwürdigkeit können dabei die kurz- und mittelfristig erreichten kommunikationspolitischen Ziele zunichtemachen.[258] Erfüllt die Unternehmensstrategie nicht die Erwartungen der Anspruchsgruppen, kann somit auch eine zu optimistisch ausgerichtete Kommunikationspolitik das Unternehmen langfristig nicht in ein besseres Licht stellen.

---

[257] Vgl. Grässlin 2007, S. 75. Ob dieser Umstand auf die Fusion zurückzuführen ist, lässt sich nicht nachweisen. Tatsache ist jedoch, dass die Qualitätsversprechen nicht eingehalten werden konnten.

[258] Vgl. Dönch et al. 2005.

7 Fazit

7.1 Verifizierung oder Falsifizierung der Hypothese

Die Verifizierung oder Falsifizierung der in Kapitel 1.3 aufgestellten Hypothese wird nun durch das Heranziehen der Ergebnisse der empirischen, theoretischen und praktischen Untersuchungen vorgenommen. Die Ergebnisse der empirischen Analyse in Kapitel drei haben zunächst gezeigt, dass sich die Kommunikationspolitik in fünf voneinander unabhängigen Studien unter den drei wichtigsten Erfolgsfaktoren bei M&A-Transaktionen befindet. Darüber hinaus konnte bei 52 Prozent aller identifizierten Erfolgsfaktoren beobachtet werden, dass kommunikative Maßnahmen für eine erfolgversprechende Umsetzung grundlegend sind. Die Ergebnisse konnten durch diese Beobachtung nochmals gefestigt werden, wodurch der Kommunikationspolitik bei M&A empirisch eine hohe Signifikanz zugeschrieben werden kann.

Die Ergebnisse der theoretischen Untersuchungen wurden in Kapitel fünf in Form des entwickelten Kommunikationsmodells zusammengefasst, wobei den Anspruchsgruppen der beteiligten Unternehmen ein erheblicher Einfluss auf den Integrationserfolg nachgewiesen wurde, der nach Grün letztlich die Wertsteigerung und somit den Unternehmenserfolg beeinflusst.[259] Im Rahmen der Entwicklung des Kommunikationsmodells wurde jedoch zunächst deutlich, dass die Kenntnis über die generellen Interessen der Anspruchsgruppen und die Ansprache der daraus folgenden transaktionsspezifischen Bedenken grundlegend sind für die Definition einer kommunikativen Zielsetzung. Das Ausmaß der in Kapitel 2.4 festgestellten möglichen Bedenken der Anspruchsgruppen verdeutlicht dabei die Dringlichkeit einer kommunikativen Reaktion. Diese Dringlichkeit sieht Salecker nicht nur in der Tatsache, dass die Anspruchsgruppen den „Unternehmens- bzw. Akquisitionserfolg durch ihr Verhalten nachhaltig beeinflussen können"[260], sondern auch in der Grundwahrheit, dass „ein Unternehmen ohne die Unterstützung seiner Stakeholder nicht überleben kann, wenn das Unternehmen ihre Ansprüche nicht in dem von ihnen erwarteten Maße erfüllt"[261]. Diese Abhängigkeit des Unternehmens von seinen Anspruchsgruppen basiert wiederrum auf dem enormen Sanktionspotential, das die Anspruchsgruppen im Falle der Nichtbeachtung der eigenen Interessen gegen das

---

[259] Vgl. Grün 2010, S. 44.

[260] Salecker 1995, S. 3 – 4.

[261] Salecker 1995, S. 122.

jeweilige Unternehmen einsetzen können.[262] Wird das Sanktionspotential eingelöst, kann sich dies maßgeblich auf den Integrationserfolg und somit auch auf den übergeordneten Unternehmenserfolg auswirken, wie Grün verdeutlicht.[263] Dabei bildet der Unternehmenserfolg und somit der Shareholder Value aus Sicht der Anteilseigner immer noch das übergeordnete Ziel einer M&A-Transaktion.[264] In Bezug auf die Anspruchsgruppe der Kunden schreiben Fahey, Shervani und Srivastava: „winning and retaining customers also must result in superior cash flows, a critical prerequisite to augmenting shareholder value"[265]. Auch die im Rahmen des Kommunikationsmodells genannten Kontrollinstrumente und -indikatoren geben Aufschluss darüber, dass sowohl der Integrationserfolg als auch der übergeordnete Unternehmenserfolg auch auf kommunikationspolitische Maßnahmen zurückzuführen sind. Aufgrund vorhandener Interdependenzen mit nicht-kommunikationspolitischen Einflussfaktoren besteht zwar nach wie vor das Problem der isolierten Messung des Kommunikationserfolgs, doch der erhebliche Einfluss der Kommunikationspolitik auf den Transaktionserfolg lässt sich auch durch die theoretischen Erkenntnisse dieser Arbeit bestätigen.

Die Ergebnisse des praktischen Fallbeispiels in Kapitel sechs haben die Ist-Bedenken am Beispiel der Anspruchsgruppe der Kunden vor der Fusion zwischen der Chrysler Corporation und der Daimler-Benz AG nochmals belegt und dabei den kommunikativen Handlungsbedarf verdeutlicht.

Abschließend lässt sich die Kommunikationspolitik auf Grundlage der empirischen, theoretischen und praktischen Erkenntnisse als kritischer Erfolgsfaktor bei M&A charakterisieren, ohne deren systematische Anwendung der Erfolg einer Transaktion maßgeblich gefährdet ist. Die in Kapitel 1.3 aufgestellte Hypothese ist somit zu verifizieren: *Die Kommunikationspolitik ist ein kritischer Erfolgsfaktor einer M&A-Transaktion und kann bei Vernachlässigung oder Nichtbeachtung den Erfolg einer Transaktion gefährden oder zu ihrem Scheitern beitragen.*

---

[262] Vgl. Salecker 1995, S. 122.

[263] Vgl. Grün 2010, S. 44.

[264] Vgl. Best et al. 1998, S. 91 – 114.

[265] Fahey/Shervani/Srivastava 1999, S. 168.

7.2 Kritische Würdigung

Nachdem die in Kapitel 1.3 aufgestellte Hypothese verifiziert werden konnte, sollen in diesem finalen Abschnitt einige Ergebnisse dieser Arbeit nochmals aus einem kritischen Blickwinkel betrachtet werden. Während das entwickelte Kommunikationsmodell beispielsweise zum einen den Zweck hat, die Bedeutung der Kommunikationspolitik bei M&A theoretisch zu untersuchen, wird es ebenfalls als Handlungsempfehlung für an Transaktionen beteiligte Unternehmen beschrieben. In der Praxis lässt sich jedoch beobachten, dass Transaktionen eine äußerst hohe Komplexität aufweisen.[266] Somit würde das *blinde* Befolgen eines generalistischen Modells das Risiko erhöhen, bestimmte projektabhängige Faktoren zu vernachlässigen. Daraus lässt sich schließen, dass sich das Kommunikationsmodell zwar als Grundlage für die Planung der Kommunikationspolitik einer Transaktion eignet, jedoch individuelle Anpassungen an die jeweiligen Eigenschaften des M&A-Projekts erfolgen müssen. Zu beachten ist zudem, dass das in dieser Arbeit entwickelte Modell ausschließlich formelle Kommunikationswege beschreibt, die letztlich eine *geplante Kommunikation* darstellen. Dabei kann auch eine hervorragend geplante Kommunikation keine informelle, ungeplante Kommunikation verhindern, die letztlich nicht direkt beeinflusst werden kann. Le Mar schreibt in diesem Zusammenhang: „Auch die bestorganisierte formelle Kommunikation wird Klatsch und Tratsch im Unternehmen nicht verhindern können"[267]. An dieser Stelle sei auch erwähnt, dass das Ergebnis dieser Arbeit der Kommunikationspolitik keinesfalls eine höhere Bedeutung als den anderen Erfolgsfaktoren unterstellt, die in Kapitel drei im Rahmen der Meta-Analyse identifiziert wurden. Ziel war es jedoch, die enorme Bedeutung darzustellen, die der Kommunikationspolitik als Erfolgsfaktor zweifelsfrei zugeschrieben werden kann und aufzuzeigen, dass dieser Faktor maßgeblich zur Sicherstellung und Maximierung des Transaktionserfolgs betragen kann.

Letztlich ist es in dieser Arbeit gelungen, die Bedeutung der Kommunikationspolitik bei M&A-Transaktionen zunächst empirisch und anschließend durch das Zusammenführen der zwei Forschungsgegenstände M&A und Kommunikationspolitik auch theoretisch und praktisch zu verdeutlichen. Das entwickelte Kommunikationsmodell soll dabei an Transaktionen beteiligten Unternehmen die Möglichkeit geben, durch eine strukturierte Kommunikation den Anspruchsgruppen eine Orientierung zu bieten und Unsicherheiten zu verringern, was letztlich zum Integrationserfolg und dem übergeordneten Unternehmenserfolg beitragen soll.

---

[266] Vgl. Brandl/Revay 2005, S. 6 – 7.

[267] Le Mar 2001, S. 31.

Dabei hat diese Arbeit das in der Praxis existierende Problem der Handlungskoordination bei kommunikativen Maßnahmen im Rahmen von M&A offengelegt. Hierbei lässt sich definitiv ein Forschungsanreiz erkennen, vor allem in Bezug auf die hohe Anzahl der in Kapitel drei identifizierten Erfolgsfaktoren, deren erfolgreiche Umsetzung nur durch den Einsatz von kommunikativen Maßnahmen sichergestellt wird. Die Ausarbeitung bzw. Anpassung von individuellen, erfolgsfaktorabhängigen Kommunikationsmodellen kann hierbei möglicherweise als gedanklicher Anstoß gesehen werden. Des Weiteren kann die Thematik der Interdependenzen als Forschungsanreiz betrachtet werden. Beispielsweise basieren die im Kommunikationsmodell empfohlenen Handlungsabläufe auf dem generalistisch gehaltenen Modell nach Bruhn[268] sowie auf logischen Herleitungen. Dabei würde ein empirischer Nachweis von existierenden Korrelationen zwischen den Ist-Bedenken, den geeigneten Zielsetzungen, den darauf folgenden Maßnahmen sowie der finalen Erfolgskontrolle das entwickelte Modell in Bezug auf seine Funktion als Handlungsempfehlung für an Transaktionen beteiligte Unternehmen bekräftigen oder optimieren. Letztlich konnte auch beobachtet werden, dass die empfohlenen Kontrollinstrumente und -indikatoren meist keine isolierte Messung des Kommunikationserfolges ermöglichen, sondern oftmals zusätzlich von anderen Werttreibern beeinflusst werden. Während in Kapitel fünf bereits ansatzweise Lösungen vorgeschlagen wurden, wie beispielsweise der Einsatz eines Communication Value Systems, in dem mittels einer Balanced Scorecard versucht wird, alle Wirkungseinflüsse zu identifizieren und somit den Einfluss eines jeden Werttreibers zu messen[269], besteht weiterhin die Herausforderung, eine stetige Optimierung der isolierten Erfolgsmessung einzelner Werttreiber, wie der Kommunikationspolitik, vorzunehmen. Neben all diesen immer noch existierenden Anreizen, weitere Forschungen in Bezug auf die Kommunikationspolitik in Angriff zu nehmen, konnte diese Arbeit jedoch Folgendes belegen:

„A failure to communicate can be major problem and even a death knell for the M&A process."[270]

---

[268] Siehe Anhang 8.3 – Handlungsablauf nach Bruhn.

[269] Vgl. Bruhn 2007, S. 546.

[270] Snow 2011, S. 91.

8 Anhang

8.1 Meta-Analyse der Erfolgsfaktoren

Tab. 2: Meta-Analyse der Erfolgsfaktoren bei M&A-Transaktionen[271]

Autor der Veröffentlichung	Titel der Veröffentlichung	Jahr der Veröffentlichung	Art der Veröffentlichung	Vorgehensweise	Genannte Erfolgsfaktoren	Signifikanz	Kommunikation ist für Umsetzung des Faktors weniger relevant	Kommunikation wird direkt genannt oder ist für Umsetzung des Faktors relevant
Bokesch, Patrick et al. (1)	Management bei Unternehmensübernahmen und Fusionen aus Sicht des mittleren Managements	2006	Seminararbeit	Befragung von Unternehmern	Ausreichende Managementkapazitäten für die Integrationsphase	73%	1	
					Analyse zu Beginn der Strategieentwicklung	64%	1	
					Geplante, strukturierte und konsequent durchgeführte Post Merger Integration	64%		1
					Umfassende Kommunikationspolitik	64%		1
					Auseinandersetzung mit Kulturdifferenzen	55%		1
					Einbeziehung der Mitarbeiter	45%	1	
					Umfassende Due Diligence	45%	1	
					Gute externe Berater	18%		
					Realisierung von Kostensynergien	18%	1	
					Fokus auf Wachstums- und Innovationssynergien	18%	1	
					Erfahrene M&A-Teams mit gleichbleibenden Kaufstrategien und Bedingungen	18%		
					Hohes Transaktions-Know-How	18%		
Hoang, Thuy Vu Nga (2)	Critical Success Factors in Merger & Acquisition Projects	2007	Masterthesis	Gebildeter Mittelwert aus den prozentualen Ergebnissen eines Interviews sowie einer Umfrage	Kompetenz des Projektmanagers und dessen Engagement	92%	1	
					Qualität der Beratung der beteiligten Unternehmen sowie deren Akzeptanz	88%	1	
					Kommunikation und Informationsaustausch	88%		1
					Klare Zielsetzungen	84%	1	
					Preisfindung und Finanzierung	80%		1
					Kompetenz der Mitglieder des Projektteams sowie deren Engagement	80%	1	
					Zeitmanagement	78%	1	
					Entwicklung des Projektplans	70%		
					Risikomanagement	70%		
Neergaard, Lisa Kaae (3)	Drivers of successful cross-border mergers and acquisitions	2009	Masterthesis	Analyse von 66 Veröffentlichungen zur Thematik, wobei dargestellt wurde, wie häufig die kategorisierten Erfolgsfaktoren erwähnt wurden	Unterschiede in der Landeskultur - je geringer, desto größer die Erfolgswahrscheinlichkeit	42%		1
					Unterschiede in der Unternehmenskultur - je geringer, desto größer die Erfolgswahrscheinlichkeit	36%	1	
					Kommunikation - je umfangreicher, desto größer die Erfolgswahrscheinlichkeit	29%		1
					Strategische Zielsetzung, je präziser, desto größer die Erfolgswahrscheinlichkeit	20%	1	
					Integration - je schneller, desto größer die Erfolgswahrscheinlichkeit	18%		1
					Führungsqualität des Top-Managements - je besser, desto größer die Erfolgswahrscheinlichkeit	17%	1	
					Integrationsteam – Nennung eines Verantwortlichen erhöht die Erfolgswahrscheinlichkeit	15%	1	
					Beachtung des existierenden Geschäfts - je höher, desto größer die Erfolgswahrscheinlichkeit	14%		1
					Strategische Übereinstimmung - je höher, desto größer die Erfolgswahrscheinlichkeit	12%		1
					Gegenseitiges Vertrauen - je höher, desto größer die Erfolgswahrscheinlichkeit	11%		1
Stahlke, Niels (4)	Erfolgsfaktoren bei Mergers & Acquisitions in der deutschen Energiewirtschaft	2006	Dissertation	Befragung von Unternehmern	Schnelle Entscheidung über die Führungskultur	57%	1	
					Erarbeitung einer internen / externen Kommunikationsstrategie	47%		1
					Einsatz von Integrations- / Projektteams	27%		1
					Abgleich / Anpassung der Kundenstrukturen	24%		
					Ableitung einer Integrationsplanung im Vorfeld	21%		1
					Definition der Kernbelegschaft / Harmonisierung der Gehalts- / Incentivestrukturen	19%		1
					Neugestaltung / -positionierung der Produkt- / Leistungspakete	19%		1
					Neue Marktsegmentierung und Preispolitik	18%		1
					Konsolidierung des betrieblichen Berichtswesens	14%		1
					Einbeziehung wichtiger Kunden und Lieferanten in den Integrationsprozess	10%		
Unger, Martin (5)	Post-Merger-Integration	2007	Wissenschaftliche Facharbeit	Befragung von Unternehmern	Unzureichende Einbeziehung der Mitarbeiter	31%		1
					Unzureichende Kommunikationsstrategie	27%		1
					Fokus auf Kostensynergien statt auf Wachstum/Innovation	19%	1	
					Schlechte Planung des Integrationsprozesses	18%		1
					Zu geringe Beachtung unternehmenskultureller Aspekte	17%		1
					Hoher Know-how-Verlust durch Fluktuation	14%		1
					Keine Karriereplanung/Perspektive für Kernbelegschaft	13%		
					Auswertung absolut		23	25
					Auswertung relativ*		48%	52%

* bezogen auf insgesamt 48 genannte Erfolgsfaktoren

---

[271] Eigene Zusammenstellung nach (1) Bokesch et al. 2006; (2) Hoang 2007; (3) Neergaard 2009; (4) Stahlke 2006; (5) Unger 2007.

8.2 Sender-Empfänger-Modell

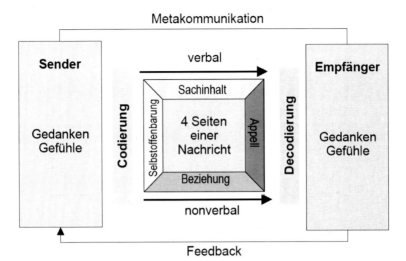

Abb. 1: Sender-Empfänger-Modell mit der Integration der Theorie nach Schulz von Thun[272]

---

[272] Vgl. Oberlin 2012.

8.3 Handlungsablauf nach Bruhn

Tab. 3: Handlungsablauf der Unternehmens-, Marketing- und Dialogkommunikation nach Bruhn[273]

Merkmale	Unternehmens-kommunikation	Marketing-kommunikation	Dialog-kommunikation
Funktion(en)	Prägung des institutionellen Erscheinungsbildes des Unternehmens	Verkauf von Produkten und Dienstleistungen des anbietenden Unternehmens	Austausch mit Anspruchsgruppen durch persönliche Kommunikation
Zentrale Kommunikationsziele	Positionierung, Goodwill, Unternehmensimage, Unternehmensbekanntheit	Ökonomische (z. B. Absatz, Marktanteile, Umsatz) und psychologische Ziele (z. B. Image)	Aufbau/Intensivierung des Dialogs zur Kundenakquise, -bindung und -rückgewinnung
Weitere typische Kommunikationsziele	Aufbau von Vertrauen und Glaubwürdigkeit, Demonstration von Kompetenz	Abbau von Informationssymmetrien, Vermittlung zuverlässiger Produktinformationen	Vertrauensaufbau, Pflege von Geschäftsbeziehungen, Informationen über Landesspezifika
Primäre Zielgruppen	Alle Anspruchsgruppen des Unternehmens	Aktuelle und potentielle Kunden des Unternehmens, weitere Entscheidungsträger	Aktuelle und potentielle Kunden, Kooperations- und Marktpartner
Typische Kommunikationsinstrumente	Institutionelle Mediawerbung, Corporate Sponsoring, Corporate Public Relations	Mediawerbung, Produkt-PR, Verkaufsförderung, Sponsoring, Events	Persönliche Kommunikation, Messen und Ausstellungen, Multimediakommunikation, Direct Marketing
Organisatorische Stellung im Unternehmen	Stab bei der Unternehmensleitung, Corporate Communication	Linienstruktur in Sparten-, Regionen- oder Kundenorganisation	Spezialisierung im Rahmen des Marketing, zum Teil auch Vertrieb
Zusammenarbeit mit externen Agenturen	Zusammenarbeit mit CI- und PR-Agenturen	Zusammenarbeit mit Werbe-, Promotion-, Sponsoring-, Event-Agenturen	Zusammenarbeit mit Direct Marketing-, Internet- und CRM-Agenturen

---

[273] Bruhn 2007, S. 347.

8.4 Abbildung des Kommunikationsmodells

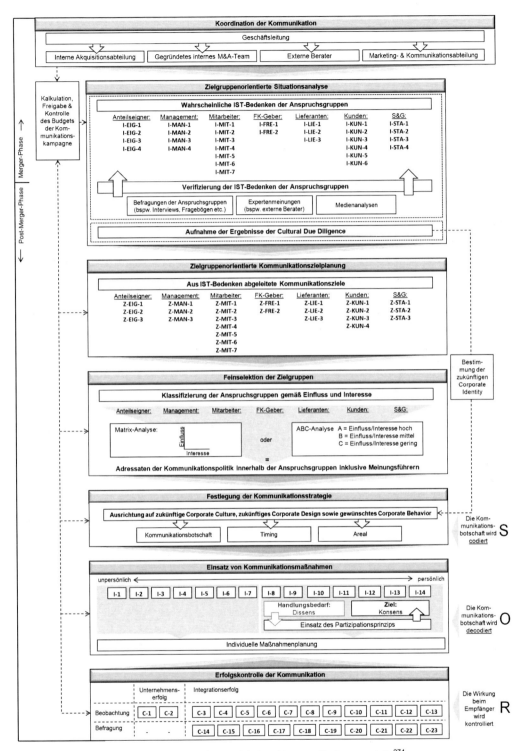

Abb. 2: Abbildung des entwickelten Kommunikationsmodells[274]

---

[274] Eigene Abbildung des Autors.

8.5 Abkürzungen und Handlungsablauf des Kommunikationsmodells

Generelle Interessen der Anspruchsgruppen

Anteilseigner:
- Einkommen, Gewinn
- Erhaltung, Verzinsung und Wertsteigerung des investierten Kapitals
- Dauer des Wachstums
- Sicherheit der Anlage

Management:
- Einkommen
- Selbstständigkeit/Entscheidungsautonomie
- Entfaltung eigener Ideen & Fähigkeiten
- Macht, Einfluss, Prestige
- Verfügung über die Verwendung des Jahresergebnisses

Mitarbeiter:
- Einkommen
- Beteiligung
- Soziale Sicherheit
- Status, Anerkennung, Prestige
- Sinnvolle Betätigung, Entfaltung d. eigenen Fähigkeiten
- Arbeitsbedingungen
- Gruppenzugehörigk.

FK-Geber:
- Sichere Kapitalanlage
- Befriedigende Verzinsung
- Kontrolle

Lieferanten:
- Stabile Liefermöglichkeiten
- Gewinnbringende Konditionen
- Zahlungsfähigkeit der Abnehmer

Kunden:
- Gute Qualität
- Faire Preise
- Guter Service
- Versorgungsqualität
- Image
- Produktinnovationen

S&G:
- Steuern
- Sicherung der Arbeitsplätze
- Sozialleistungen
- Positive Beiträge an die Infrastruktur
- Einhalten v. Rechtsvorschriften und Normen
- Erhaltung einer lebenswerten Umwelt

Wahrscheinliche, aus generellen Interessen abgeleitete IST-Bedenken der Anspruchsgruppen

Anteilseigner:
- I-EIG-1 Sinkender Unternehmenserfolg → Zielsetzungen: Z-EIG-1
- I-EIG-2 Wertminderung d. investierten Kapitals → Zielsetzungen: Z-EIG-1
- I-EIG-3 Abnahme der Wachstumsgeschwindigkeit → Zielsetzungen: Z-EIG-2
- I-EIG-4 Steigendes Risiko → Zielsetzungen: Z-EIG-3

Management:
- I-MAN-1 Sinkendes Einkommen → Zielsetzungen: Z-MAN-1
- I-MAN-2 Verlust von Selbstständigkeit → Zielsetzungen: Z-MAN-2, 3
- I-MAN-3 Verlust von Macht, Einfluss und Prestige → Zielsetzungen: Z-MAN-2, 3
- I-MAN-4 Abnehmender Einfluss auf die Verwendung des Jahresergebnisses → Zielsetzungen: Z-MAN-2, 3

Mitarbeiter:
- I-MIT-1 Sinkendes Einkommen → Zielsetzungen: Z-MIT-1, 2, 3, 4
- I-MIT-2 Gefährdung des Arbeitsplatzes → Zielsetzungen: Z-MIT-1, 3, 4
- I-MIT-3 Sinkender Status & -Anerkennung → Zielsetzungen: Z-MIT-1, 2, 3, 4, 5
- I-MIT-4 Monotone Arbeitstätigkeiten → Zielsetzungen: Z-MIT-1, 2, 3, 4
- I-MIT-5 Verschlechternde Arbeitsbedingungen → Zielsetzungen: Z-MIT-1, 2, 3, 4
- I-MIT-6 Steigende Arbeitsbelastung → Zielsetzungen: Z-MIT-2, 3, 4
- I-MIT-7 Auflösung von Arbeitsgruppen → Zielsetzungen: Z-MIT-2, 3, 4, 5

FK-Geber:
- I-FRE-1 Steigendes Risiko → Zielsetzungen: Z-FRE-1
- I-FRE-2 Abnehmender Einfluss auf die Kapitalnehmer → Zielsetzungen: Z-FRE-2

Lieferanten:
- I-LIE-1 Instabile Liefermöglichkeiten → Zielsetzungen: Z-LIE-1
- I-LIE-2 Verschlechternde Konditionen → Zielsetzungen: Z-LIE-2
- I-LIE-3 Sinkende Zahlungsfähigkeit des Abnehmers → Zielsetzungen: Z-LIE-3

Kunden:
- I-KUN-1 Verschlechterungen bei Qualität, Preis und Service → Zielsetzungen: Z-KUN-1
- I-KUN-2 Abnehmende Versorgungsqualität → Zielsetzungen: Z-KUN-1
- I-KUN-3 Verschlechterung des Images → Zielsetzungen: Z-KUN-2
- I-KUN-4 Abnehmende Anzahl von Produktinnovationen → Zielsetzungen: Z-KUN-3
- I-KUN-5 Gültigkeit bestehender schriftlicher Verträge Zielsetzungen: Z-KUN-4
- I-KUN-6 Einhaltung mündlicher Absprachen → Zielsetzungen: Z-KUN-4

S&G:
- I-STA-1 Verringerung der Steuereinnahmen → Zielsetzungen: Z-STA-2
- I-STA-2 Abbau von Arbeitsplätzen → Zielsetzungen: Z-STA-1, 2, 3
- I-STA-3 Abnehmende Sozialleistungen → Zielsetzungen: Z-STA-1, 3
- I-STA-4 Reduzierung der Beiträge an die Infrastruktur → Zielsetzungen: Z-STA-1, 2, 3

Aus den IST-Bedenken abgeleitete Kommunikationsziele

Z-EIG-1 & Z-MAN-1 Steigerung des Unternehmenserfolgs (kein beschränkter Instrumenteneinsatz, Erfolgsmessung mit Schwerpunkt auf C-1)

Z-EIG-2 Beständige Wachstumsgeschwindigkeit (kein beschränkter Instrumenteneinsatz, Erfolgsmessung mit Schwerpunkt auf C-2)

Anteilseigner:
- Z-EIG-3 Schaffen von Sicherheit/Klarheit in Bezug auf Entwicklungen →Instrumente: I-3, 4, 5, 6, 7, 8, 9, 10, 13, 14 → Erfolgskontrolle: C-11, 14

Management:
- Z-MAN-2 Konsensfindung & Einhaltung von Vereinbarungen →Instrumente: I-11, 13, 14 → Erfolgskontrolle: C-15
- Z-MAN-3 Gewinnung der Unterstützung der Anteilseigner →Instrumente: I-3, 4, 5, 6, 7, 8, 9, 10, 11, 13, 14 → Erfolgskontrolle: C-7, 11, 14, 15

Mitarbeiter:
- Z-MIT-1 Auflösen von Unsicherheiten durch Transparenz →Instrumente: I-3, 4, 5, 6, 7, 9, 12, 13, 14 → Erfolgskontrolle: C-7, 11, 12, 16
- Z-MIT-2 Schaffen von Motivation und Engagement →Instrumente: I- 5, 7, 9, 10, 11, 12, 13, 14 → Erfolgskontrolle: C-11, 12, 16
- Z-MIT-3 Förderung der Loyalität →Instrumente: I-5, 7, 9, 10, 11, 12, 13, 14 → Erfolgskontrolle: C-11, 12, 16
- Z-MIT-4 Schaffen von Akzeptanz gegenüber externen Technologien →Instrumente: I-3, 5, 6, 7, 9, 11, 12, 13, 14 → Erfolgskontrolle: C-7, 11, 14, 16
- Z-MIT-5 Erhalt von Arbeitsgruppen / Bildung von effizienten Arbeitsgruppen →Instrumente: I-11, 12, 14 → Erfolgskontrolle: C-14, 16

FK-Geber:
- Z-FRE-1 Schaffen von Sicherheit/Klarheit in Bezug auf Entwicklungen →Instrumente: I-3, 4, 5, 7, 9, 10, 13, 14 → Erfolgskontrolle: C-7, 11, 17
- Z-FRE-2 Sicherung des Einflusses auf das Management →Instrumente: I-11, 13, 14 → Erfolgskontrolle: C-17

Lieferanten:
- Z-LIE-1 Schaffen von Sicherheit/Klarheit in Bezug auf zukünftige Liefermöglichkeiten →Instrumente: I-9, 10, 14 → Erfolgskontrolle: C-11, 13, 18
- Z-LIE-2 Schaffen von Sicherheit/Klarheit in Bezug auf zukünftige Konditionen →Instrumente: I-9, 10, 14 → Erfolgskontrolle: C-11, 13, 18
- Z-LIE-3 Sicherung des Vertrauens in die Zahlungsfähigkeit des Abnehmers →Instrumente: I-3, 4, 5, 7, 8, 9, 10, 13, 14 → Erfolgskontrolle: C-7, 11, 13, 18

Kunden:
- Z-KUN-1 Entgegenwirken von Unsicherheiten in Bezug auf Produkte, Preise, Qualität & Versorgungsqualität →Instrumente: I-1, 2, 3, 6, 8, 10, 11, 14 → Erfolgskontrolle: C-3, 4, 5, 6, 7, 9, 10, 11, 19
- Z-KUN-2 Aufrechterhaltung / Verbesserung / Wandlung des Images →Instrumente: I-1, 2, 3, 6, 8, 11, 14 → Erfolgskontrolle: C-3, 4, 5, 6, 7, 8, 9, 10, 11, 19
- Z-KUN-3 Entgegenwirken von Unsicherheiten in Bezug auf zukünftige Produktentwicklungen →Instrumente: I-1, 2, 3, 6, 8, 11, 14 → Erfolgskontrolle: C-3, 4, 5, 6, 7, 9, 10, 11, 19
- Z-KUN-4 Schaffen von Klarheit in Bezug auf die Gültigkeit bestehender Verträge und Absprachen →Instrumente: I-8, 10, 14 → Erfolgskontrolle: C-5, 6, 11, 19

S&G:
- Z-STA-1 Generieren einer positiven gesellschaftlichen Einstellung →Instrumente: I-1, 2, 3, 4, 6, 11 → Erfolgskontrolle: C-7, 9, 10, 20, 21, 23
- Z-STA-2 Unterstützungsgewinnung von Politikern →Instrumente: I-3, 11, 14 → Erfolgskontrolle: C-7, 20, 22
- Z-STA-3 Unterstützungsgewinnung von Organisationsvertretern →Instrumente: I-3, 11, 14 → Erfolgskontrolle: C-7, 21, 23

Einsatz von Kommunikationsmaßnahmen

I-1 Sponsoring	I-2 Klassische Media- & TV-Werbung sowie Multimediakommunikation	I-3 Pressekonferenzen & Pressemitteilungen	I-4 Geschäftsbericht	I-5 Zwischenbericht	I-6 Fachvorträge & Publikationen	I-7 Merger Newsletter	I-8 Dialogmarketing	I-9 Merger Hotline	I-10 Beschwerde- & Konfliktmanagement	I-11 Events	I-12 Trainings	I-13 Nicht-Öffentliche Konferenzen & Versammlungen	I-14 Persönliche Gespräche

Erfolgskontrolle der Kommunikation

C-1 Finanzielle Kennzahlen (Umsatz, Gewinn, Kosten, unternehmensspezifische Kennzahlen)	C-2 Wachstumsrate	C-3 Marktanteil	C-4 Kundenneugewinnungsrate	C-5 Kundenabwanderungsrate	C-6 Kundenbindungsrate	C-7 Medienresonanzanalyse	C-8 InterBrand Studie	C-9 Einschaltquoten im TV	C-10 Internetzugriffe	C-11 Beschwerdestatistiken	C-12 Fluktuation v. Mitarbeitern
	C-13 Fluktuation von Lieferanten	C-14 Zufriedenheitsindex der Anteilseigner	C-15 Zufriedenheitsindex des Managements	C-16 Zufriedenheitsindex der Mitarbeiter	C-17 Zufriedenheitsindex der FK-Geber	C-18 Zufriedenheitsindex der Lieferanten	C-19 Zufriedenheitsindex der Kunden	C-20 Meinungen von Politikern	C-21 Meinungen von Organisat.-vertretern	C-22 Meinungen von Lobbyisten	C-23 Meinungen von Branchenexperten

Abb. 3: Abkürzungen und Handlungsablauf des entwickelten Kommunikationsmodells[275]

---
[275] Eigene Abbildung des Autors.

8.6　Inhaltliche Einordnung des Kommunikationsmodells

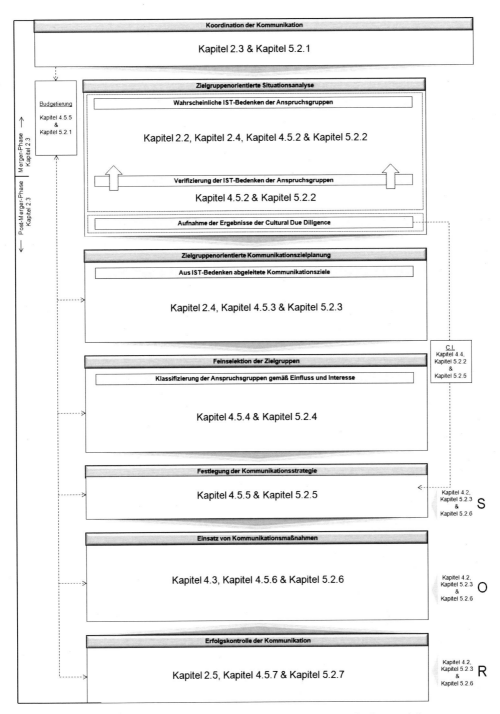

Abb. 4: Inhaltliche Einordnung des entwickelten Kommunikationsmodells
in den Kontext dieser Arbeit[276]

Literaturverzeichnis

Achleitner, Ann-Kristin/Schiereck, Dirk (2012): Mergers & Acquisitions. Online: http://wirtschaftslexikon.gabler.de/Definition/mergers-acquisitions.html. [letztes Abrufdatum: 2012-09-22].

Best, Aleta et al. (1998): Attributes of Successful and Unsuccessful Acquisitions of US Firms. In: British Journal of Management, 9. Jg., S. 91 – 114.

Beutelmeyer, Werner (2011): Politik und Management: Eine Hassliebe? Liaison von Wirtschaft und Politik aus Sicht von Bevölkerung und Opinion-Leadern. Online: http://www.market.at/de/market-aktuell/news/entity.detail/action.view/key.548.html. [letztes Abrufdatum: 2012-09-22].

Bokesch, Patrick et al. (2006): Management bei Unternehmensübernahmen und Fusionen aus Sicht des mittleren Managements. Online: http://www.furtner-bc.at/images/PMIStudie(neu).pdf. [letztes Abrufdatum: 2012-09-22].

Brandl, Patrick/Revay, Miklos (2005): Lead Advisor: Entscheidender M&A-Erfolgsfaktor - Mergers & Acquisitions-Transaktionen (Kauf & Verkauf von Unternehmen) erweisen sich als viel komplexer und risikoreicher, als der erste Blick erahnen lässt. In: Tipps & Trends, Ausgabe: Februar 2005, S. 6 – 7.

Bruhn, Manfred (2007): Kommunikationspolitik: systematischer Einsatz der Kommunikation für Unternehmen. 4., überarb. Aufl. München: Vahlen Verlag.

Bruhn, Manfred (2012): Sponsoring. Online: http://wirtschaftslexikon.gabler.de/Definition/sponsoring.html. [letztes Abrufdatum: 2012-09-22].

Burgstahler, Helga (2001): Erfolgsfaktor Interne Unternehmenskommunikation in der Bewertung durch Analysten - Explorative Studie zur Rolle von Nonfinancials im Kontext moderner Managementkonzepte. Online: http://www.burgstahler.biz/download/burgstahler_com_studie.pdf. [letztes Abrufdatum: 2012-09-22].

Cartwright, Susan/Schoenberg, Richard (2006): Thirty Years of Mergers and Acquisitions Research. Recent Advances and Future Opportunities. In: British Journal of Management, 17. Jg., S. 1 – 5.

DaimlerChrysler AG (Hrsg.) (1998): Zusammenschluß des Wachstums (Geschäftsbericht 1998). Online: http://www.daimler.com/Projects/c2c/channel/documents/1364406_1998_DaimlerChrysler_Geschaeftsbericht.pdf. [letztes Abrufdatum: 2012-09-22].

DaimlerChrysler AG (Hrsg.) (2001): Investor Relations Release. Online: http://www.daimler.com/Projects/c2c/channel/documents/205443_ir_release_g.pdf. [letztes Abrufdatum: 2012-09-22].

Das Wirtschaftslexikon (Hrsg.) (2012): Partizipation. Online:
http://www.daswirtschaftslexikon.com/d/partizipation/partizipation.htm#PART1219L1
0. [letztes Abrufdatum: 2012-09-22].

Deg, Robert (2009): Basiswissen Public Relations: professionelle Presse- und Öf-
fentlichkeitsarbeit. 4., überarb. Aufl. Wiesbaden: Verlag für Sozialwissenschaften.

DeMars, J./Devasagayam, R. (2004): Consumer perceptions of alternative dispute
resolution mechanisms in financial transactions. In: Journal of Financial Marketing, 8
(4), S. 378 – 387.

Diesing, Michael (2012): Kommunikation. Online:
http://www.midim.de/kommunikation/kommunikation.htm. [letztes Abrufdatum: 2012-
09-22].

Dönch, Uli et al. (2005): DAIMLERCHRYSLER - Cordes tritt die Wunderbremse.
Online: http://www.focus.de/finanzen/news/daimlerchrysler-cordes-tritt-die-
wunderbremse_aid_212523.html. [letztes Abrufdatum: 2012-09-22].

Esch, Franz-Rudolf (2012a): Event Marketing. Online:
http://wirtschaftslexikon.gabler.de/Definition/event-marketing.html. [letztes Abrufdatum: 2012-09-22].

Esch, Franz-Rudolf (2012b): Kommunikationspolitik. Online:
http://wirtschaftslexikon.gabler.de/Definition/kommunikationspolitik.html. [letztes
Abrufdatum: 2012-09-22].

Esch, Franz-Rudolf (2012c): Massenkommunikation. Online:
http://wirtschaftslexikon.gabler.de/Definition/massenkommunikation.html?referenceK
eywordName=indirekte+Kommunikation. [letztes Abrufdatum: 2012-09-22].

Eugster, Jörg (2011): Die Trends im Online-Marketing. Online:
http://www.eugster.info/wp-content/uploads/Jahrbuch-Marketing-2012.pdf. [letztes
Abrufdatum: 2012-09-22].

Fahey, Liam/Shervani, Tasadduq/Srivastava, Rajendra K. (1999): Marketing, Business Processes, and Shareholder Value: An Organizationally Embedded View of
Marketing Activities and the Discipline of Marketing. In: Journal of Marketing, Spezi-
alausgabe 1999, S. 168 – 179.

Gärtner, Anne/Sicheneder, Frank (2012): Kommunikationstheorie: Wertschätzende
Kommunikation in der neuen „schnellen" Welt. Online:
http://www.vertriebszeitung.de/index.php/wertschaetzende-kommunikation-1.html.
[letztes Abrufdatum: 2012-09-22].

Garz, Hendrik/Günther, Stefan/Moriabadi, Cyrus (1998): Portfolio-Management :
Theorie und Anwendung. 2., veränd. Aufl. Frankfurt am Main: Bank-Adad.-Verl.

Gerpott, Torsten J. (1993): Integrationsgestaltung und Erfolg von Unternehmensakquisitionen. 1. Aufl. Stuttgart: Schäffer-Poeschel.

Grässlin, Jürgen (2007): Abgewirtschaftet?! Das Daimler-Desaster geht weiter. Vollst. überarb. und erheblich erw. Taschenbuchausg. München: Knaur-Taschenbuch-Verl.

Grün, Martin-Clark (2010): Kundenbeziehungen nach Fusionen und Akquisitionen: die Auswirkung der Beziehungsgestaltung und Synergierealisierung auf den M&A-Erfolg. 1. Aufl. Wiesbaden: Gabler.

Grunenberg, Heiko (2001): Die Qualität qualitativer Forschung. Eine Metaanalyse erziehungs- und sozialwissenschaftlicher Forschungsarbeiten. Online: http://www.maxqda.de/download/grunenberg.pdf. [letztes Abrufdatum: 2012-09-22].

Handelsblatt Online (Hrsg.) (2007): Markenwert: Zur Methode des Interbrand-Rankings. Online: http://www.handelsblatt.com/unternehmen/industrie/zur-methode-des-interbrand-rankings/2840710.html. [letztes Abrufdatum: 2012-09-22].

Hanfstein, Wolfgang (2012): Kommunizieren lernen. Online: http://www.emotion.de/de/page.aspx/3806/fachbuecher/kommunizieren-lernen. [letztes Abrufdatum: 2012-09-22].

Hawranek, Dietmar/Steingart, Gabor (2000): Wer ist ohne Fehler?. Online: http://www.spiegel.de/spiegel/print/d-17976393.html. [letztes Abrufdatum: 2012-09-22].

Hillebrand, W./Linden, F.A. (1991): Revolution im Kreml. In: Manager Magazin, Ausgabe vom 01.12.1991, S. 32 – 39.

Hoang, Thuy V. N. (2007): Critical Success Factors in Merger & Acquisition Projects - A study from the perspectives of advisory firms. Online: umu.diva-portal.org/smash/get/diva2:141248/FULLTEXT01. [letztes Abrufdatum: 2012-09-22].

Höveler, Bernhard H. (2012): Kommunikation - Das Bindemittel, das Beschaffer und Lieferanten zusammenhält. Online: http://www.beschaffung-aktuell.de/home/-/article/16537505/26996927/Das-Bindemittel,-das-Beschaffer-und-Lieferanten-zusammenh%C3%A4lt/art_co_INSTANCE_0000/maximized/. [letztes Abrufdatum: 2012-09-22].

Hüttenrauch, Julia (2005): Kommunikationspolitik. Online: http://www.economics.phil.uni-erlangen.de/lehre/bwl-archiv/exist_gr/kommpol.pdf. [letztes Abrufdatum: 2012-09-22].

Insam, Alexander (2012): Konfliktkostenstudie II: Erste Praxis-Erfolge für Mediation bei innerbetrieblichen Konflikten. Online: http://www.kpmg.de/Themen/30970.htm. [letztes Abrufdatum: 2012-09-22].

Institute of Mergers, Acquisitions and Alliances (IMAA) (Hrsg.) (2012): Statistics on Mergers & Acquisitions. Online: http://www.imaa-institute.org/statistics-mergers-acquisitions.html#TopMergersAcquisitions_Worldwide. [letztes Abrufdatum: 2012-09-22].

Jandl, Heike (2006): Tipps und Tricks beim Unternehmensverkauf. Online:
http://www.donau-
uni.ac.at/imperia/md/content/department/wirtschaft/vortrgejan_7d6b17101202a021.
pdf. [letztes Abrufdatum: 2012-09-22].

Jansen, Stephan A. (2001): Mergers & Acquisitions. 4, überarb. u. erw. Aufl. Wiesbaden: Gabler Verlag.

Joka, Herbert (2002): Führungskräfte-Handbuch : Persönlichkeit, Karriere, Management, Recht. 1. Aufl. Berlin: Springer Verlag.

Joppe, Johanna (2001): Mergers & Akquisitons – Warum sie so oft scheitern müssen. Online: http://www.handelsblatt.com/archiv/mergers-und-akquisitions-warum-
sie-so-oft-scheitern-muessen-oft-bremsen-controlling-systeme-fusionsplaene-
aus/2117520.html. [letztes Abrufdatum: 2012-09-22].

Kim, Kicheol (2003): Kriterien der interaktiven Unternehmenskommunikation im Internet. 1. Aufl. Lüneburg: CNM, Lehrstuhl für Betriebswirtschaftslehre, insbes. Um-
weltmanagement, Univ.

Kirchgeorg, Manfred (2012a): Dialogmarketing. Online:
http://wirtschaftslexikon.gabler.de/Definition/dialogmarketing.html. [letztes Abrufdatum: 2012-09-22].

Kirchgeorg, Manfred (2012b): Meinungsführer. Online:
http://wirtschaftslexikon.gabler.de/Definition/meinungsfuehrer.html. [letztes Abrufdatum: 2012-09-22].

Knechtel, Christian (2012): Post Merger Integration nach Firmenfusionen: Die wichtigsten Schritte. Online: http://www.pwc.de/de/mittelstand/post-merger-integration-
nach-firmenfusionen-die-wichtigsten-schritte.jhtml. [letztes Abrufdatum: 2012-09-22].

Krosse, Thomas/Ringel, Jens (2011): Auswertung der Umfrage: Beschwerdema-
nagement in der Assekuranz. 1. Aufl. München: Grin Verlag.

Le Mar, Bernd (2001): Menschliche Kommunikation im Medienzeitalter: im Span-
nungsfeld technischer Möglichkeiten und sozialer Kompetenz. 2. Aufl. Berlin: Springer Verlag.

Mantai, Irina (2004): Entwicklung eines Kommunikationskonzeptes für eine Nonpro-
fit-Kulturorganisation - Dargestellt am Beispiel des Verbandes bildender Künstler
Thüringen e.V. 1. Aufl. München: Grin Verlag.

Mayerhofer, Helene (1999): Betriebswirtschaftliche Effekte der Fusion von Großun-
ternehmen: eine Handlungshilfe zur Entwicklung einer Argumentationsstrategie für
Aufsichtsratsmitglieder in fusionierenden Unternehmen; am Beispiel der Fusion
zweier Kreditinstitute. 1. Aufl. Düsseldorf: Hans-Böckler-Stiftung.

Meffert, Heribert (2000): Marketing, Grundlagen marktorientierter Unternehmensführung. 9. Aufl. Wiesbaden: Gabler Verlag.

Menz, Markus (Hrsg.) (2007): Mergers & acquisitions: von der Strategie zur Integration; Tagungsband zum 5. DocNet-Management-Symposium. 1. Aufl. Bern, Stuttgart, Wien: Haupt Verlag.

Mossin, Jan (1977): The economic efficiency of financial markets. 2. Aufl. Lexington Books.

Neergaard, Lisa K. (2009): Drivers of successful cross-border mergers and acquisitions – a meta-analysis of the literature. Online: http://pure.au.dk/portal-asb-student/files/8431/219204.pdf. [letztes Abrufdatum: 2012-09-22].

Oberlin, Urs-Peter (2012): Grundlagen der Kommunikation. Online: http://www.oberlin.ch/toolbox/Grundlagen%20der%20Kommunikation.pdf. [letztes Abrufdatum: 2012-09-22].

Oehlrich, Marcus (1999): Strategische Analyse von Unternehmensakquisitionen: das Beispiel der pharmazeutischen Industrie. 1. Aufl. Wiesbaden: Gabler.

Olbrisch, Katharina (2007): Mit Kommunikation zum Marketing-Erfolg. Online: http://www.business-on.de/koeln-bonn/mit-kommunikation-zum-marketing-erfolg_id11200.html. [letztes Abrufdatum: 2012-09-22].

Oltmanns, Thorsten (2008): Eliten-Marketing: wie Sie Entscheider erreichen. 1. Aufl. München: Campus-Verl.

Ortmann, Günther (1992): Macht, Spiel, Konsens. In: Küpper, Willi/Ortmann, Günther (Hrsg.): Mikropolitik : Rationalität, Macht und Spiele in Organisationen. Opladen: Westdt. Verl., S. 15.

Reisewitz, Perry (2012): Public Relations (PR). Online: http://wirtschaftslexikon.gabler.de/Definition/public-relations-pr.html. [letztes Abrufdatum: 2012-09-22].

Ruddat, Michael et al. (2005): Statistische Metaanalyse zu Mobilfunkstudien und Medienanalyse zum Risikodiskurs des Mobilfunk im Rahmen des Forschungsprojektes „Untersuchung der Kenntnis und Wirkung von Informationsmaßnahmen im Bereich Mobilfunk und Ermittlung weiterer Ansatzpunkte zur Verbesserung der Information verschiedener Bevölkerungsgruppen. Online: http://www.emf-forschungspro-gramm.de/forschung/risikokommunikation/risikokommunikation_verg/risiko_035_Zw B_02.pdf. [letztes Abrufdatum: 2012-09-22].

Ruisinger, Dominik (2008): Public Relations: Leitfaden für ein modernes Kommunikationsmanagement. 1. Aufl. Stuttgart: Schäffer-Poeschel Verlag.

Salecker, Jürgen (1995): Der Kommunikationsauftrag von Unternehmen bei Mergers & Acquisitions: Problemdimensionen und Gestaltungsoptionen der Kommunikation bei Unternehmensübernahmen. 1. Aufl. Bern, Stuttgart, Wien: Haupt Verlag.

Schewe, Gerhard (2012): Kommunikationsweg. Online: http://wirtschaftslexikon.gabler.de/Definition/kommunikationsweg.html. [letztes Abrufdatum: 2012-09-22].

Schneidereit, Rolf (2009): Der Dialog beginnt, wenn das Dialogmarketing endet. Online: http://www.absatzwirtschaft-biznet.de/alle-beitraege/gastbeitraege/artikel/detail/der-dialog-beginnt-wenn-das-dialogmarketing-endet.html?no_cache=1&tx_ttnews%5Btx_bb_id%5D=7772. [letztes Abrufdatum: 2012-09-22].

Schögel, Marcus (1997): Mehrkanalsysteme in der Distribution. 1. Aufl. Wiesbaden: Deutscher Universitätsverlag.

Scholz, Christiana (2010): Einfluss der Unternehmenskultur auf die Mitarbeitermotivation am Beispiel von Wissensmanagement. Online: http://xlngkm.jaegerwm.de/imagcs/f/f6/Scholz_-_Mitarbeitermotivation_Unternehmenskultur.pdf. [letztes Abrufdatum: 2012-09-22].

Schraeder, Mike/Self, Dennis R. (2004): Enhancing the success of mergers and acquisitions: An organizational cultural perspective. In: Management Decision, 41. Jg., S. 511 – 522.

Schrott, Thomas (2007): Corporate Social Responsibility und ihre Bedeutung für die betrieblichen Anspruchsgruppen. 1. Aufl. München: GRIN Verlag.

Schulz von Thun, Friedemann (2012a): Das Kommunikationsquadrat. Online: http://www.schulz-von-thun.de/index.php?article_id=71. [letztes Abrufdatum: 2012-09-22].

Schulz von Thun, Friedemann (2012b): Modelle. Online: http://www.schulz-von-thun.de/index.php?article_id=4. [letztes Abrufdatum: 2012-09-22].

Seemann, Ralph (2008): Corporate Reputation Management durch corporate communications. 1. Aufl. Göttingen: Cuvillier.

Snow, William R. (2011): Mergers and Acquisitions For Dummies. 1. Aufl. Indianapolis: Wiley Publishing, Inc.

Stadler, Christian (2004): Unternehmenskultur bei Royal Dutch-Shell, Siemens und DaimlerChrysler. 1. Aufl. Stuttgart: Steiner Verlag.

Stahlke, Niels H. (2006): Erfolgsfaktoren bei Mergers & Acquisitions in der deutschen Energiewirtschaft - Theoretische Fundierung und empirische Analyse unter Berücksichtigung einer Befragung von Führungskräften aus der Energiewirtschaft. Online: http://opus.kobv.de/tuberlin/volltexte/2007/1480/pdf/stahlke_niels.pdf. [letztes Abrufdatum: 2012-09-22].

Stertz, Bradley A./Vlasic, Bill (2000): Taken for a Ride - How the DaimlerChrysler "marriage of equals" crumbled. Online: http://www.businessweek.com/2000/00_23/b3684147.htm. [letztes Abrufdatum: 2012-09-22].

Stobbe, Reimer (2007): Evaluation als Erfolgsfaktor strategischer Kommunikations-arbeit - Erfolgsmessung als Teil professionellen Kommunikationsmanagements. Online: http://www.kommunikationskongress.de/files/2012/05/stobbe_reimer.pdf. [letztes Abrufdatum: 2012-09-25].

Strebel, Paul (2002): Focus On Corporate Specifics Not National Clichés: Cross-Border Lessons from the DaimlerChrysler Merger. Online: http://www.imd.org/uupload/www01/documents/pfm/persp_2002/pfm_0209.pdf. [letztes Abrufdatum: 2012-09-22].

Swoboda, Bernhard (2012): Käufer- und Konsumentenverhalten. Online: http://wirtschaftslexikon.gabler.de/Definition/kaeufer-und-konsumentenverhalten.html?referenceKeywordName=Stimulus-Organismus-Response-Konzept+%28SOR-Konzept%29. [letztes Abrufdatum: 2012-09-22].

Thommen, Jean-Paul (2012): Anspruchsgruppen. Online: http://wirtschaftslexikon.gabler.de/Definition/anspruchsgruppen.html. [letztes Abruf-datum: 2012-09-22].

Tiemeyer, Ernst (2002): Stakeholderanalyse und Stakeholdermanagement in Bil-dungsnetzwerken – Notwendigkeit und Vorgehensweise. Online: http://www.anuba-onli-ne.de/extdoc/Materialien_der_BNW_Fortbildung/BNW_initiieren/BNW_init_1_1_4.p df. [letztes Abrufdatum: 2012-09-22].

Time Magazine (Hrsg.) (2012): Daimler-Benz Merger. Online: http://www.time.com/time/specials/packages/article/0,28804,1894731_1894734_189 4722,00.html. [letztes Abrufdatum: 2012-09-22].

Tischler, Joachim (2011): Erstellung von Meta-Analysen. Online: http://www.bwl.uni-kiel.de/bwlinstitute/grad-kol-leg/new/typo3conf/ext/naw_securedl/secure.php?u=0&file=/fileadmin/publications/pd f/Methodik_der_empirischen_Forschung_-_Meta-Analy-sen__Joachim_Tischler_.pdf&t=1301220776&hash=c5dfd4d0da94ce24932d576481 f8d737. [letztes Abrufdatum: 2012-09-22].

Unger, Martin (2007): Post-Merger-Integration. Online: http://www.contrast-consulting.com/fileadmin/user_upload/press_file/Post_Merger_Integration.pdf. [letz-tes Abrufdatum: 2012-09-22].

Vogel, Kathrin (2012): Corporate style : Stil und Identität in der Unternehmenskom-munikation. 1. Aufl. Wiesbaden: Springer VS.

Wiener Zeitung (Hrsg.) (2008): Die Angst der Mitarbeiter beim Unternehmensver-kauf. Online: http://www.wienerzeitung.at/nachrichten/wirtschaft/international/261790_Die-Angst-der-Mitarbeiter-beim-Unternehmensverkauf.html. [letztes Abrufdatum: 2012-09-22].

Williamson, Oliver E. (1996): Economics and Organization: A Primer. In: California Management Review, 38. Ausg., S. 131 – 146.

Autor

Marcel Martin absolvierte einen Studiengang in International Business Administration sowie in International Management. Darüber hinaus war er bisher als Gesellschafter eines Internetmarketing Unternehmens, als Verkaufstrainer, Projektmanager sowie als Berater / Consultant in der Investment- und Finanzbranche tätig. Seine wissenschaftlichen Publikationen beschäftigen sich zumeist mit betriebswirtschaftlichen Analysen sowie der Entwicklung von praktisch orientierten Handlungsmodellen mit kommunikativem Schwerpunkt.